中国旅游业普通高等教育应用型规划教材

会展文案

吴应利 主 编

朱 韬　王 婧 副主编

中国旅游出版社

前 言

　　在世界经济贸易全面复苏的背景下，国际会展业总体上呈现出了持续发展的良好局面。会展业已成为构建现代市场体系和开放型经济体系的重要平台，为城市的社会和经济发展起到了重要的引领、聚集、辐射作用。随着我国国际影响力不断扩大，以及主场外交活动相继举办，会展已由以往单一的经贸平台转变为兼具国家战略落地的平台。这种战略性承接功能赋予会展业更全面的产业联动效应。此外，随着"一带一路倡议"以及"十三五"规划的深入开展，会展产业越来越在城市经济建设、经济结构转型发展、提高社会运行效率方面发挥着积极的作用。据商务部统计，近年来我国会展业规模持续稳居全球首位。

　　会展文案的写作贯穿于会展活动的全过程。在一次展会的流程中，前期的策划需要拟写策划文案，市场推广需要拟写市场推广文案；招展就是以一些会展文案为文本基础进行会展活动的实际营销，如招商、招展书的拟写等；客户服务可以通过参展说明书等为展商提供一切有关参展事宜的专业服务；展会期间通过拟写展会通讯等发布展会活动的及时信息；展后要针对展商和参观商进行回访，整理好数据库，然后撰写总结报告，提供给参展商，还需要在媒体上拟写并发表展会之后的相关报道。在这一系列活动过程中，需要拟写众多相关的文字材料，这些材料都紧紧地围绕着一次会展活动的进程而产生。

　　作为应用型本科会展经济与管理专业的必修课程之一，会展文案写作是一门专业性、知识性、实践性很强的课程。在广泛参考国内外有关资料的基础上，我们结合多年来的教学和会展行业、会展企业的一些实践经验，编写了这本教材。主要内容包括会展文案概述、会展策划计划文案、会展招展招商文案、会展宣传推广文案、会展公关礼仪文案、会展现场服务文案、会展评估总结文案写作等。

本书突出以下特点：一是从案例和学生的思维特点出发，按照案例导入—理论阐述案例—知识链接—理论探讨—案例思考的思路来组织教材，重视理论与实践的结合，使学生能从实践—理论—实践的角度来进行认知。二是教材主要板块以会展文案写作为基础，强调学科的系统性和完整性，在内容上突出会展企业的实践性和创新性。三是强调案例选取、强化理论思考、突出写作能力提升。

云南财经大学旅游与酒店管理学院吴应利担任本书主编，负责全书提纲的拟定、全书的修改及统稿工作，朱韬、王婧担任副主编。各章分工如下：第一章，吴应利；第二、三、四章，王婧；第五、六、七章，朱韬。

在编写过程中，编者参考了国内外有关论著、教材和资料，借鉴了不少的文献资料，在此向有关作者表示由衷的感谢。部分同事和研究生在查找整理资料中给予了支持和帮助，向他们表示诚挚的感谢。同时，还要感谢中国旅游出版社段向民等编辑在本书出版中的指导和帮助。

由于编者水平有限，书中难免存在一些缺点和错误。敬请读者不吝指正。

编者

2019 年 5 月 18 日

目 录

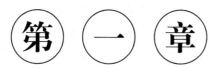

会展文案概述

【本章导读】

　　会展活动是一个人流、物流、信息流高度集中的场合，也是一个能够快速而有效地为众多参加会展活动的企业及人员提供交流、展示、洽谈和贸易机会的平台。本章主要介绍了会展的相关概念及会展业在国际、国内的发展现状，是会展从业人员明确会展文案写作重要性的基础；会展文案的概念、特点、作用、种类及写作的基本要求等相关的理论知识也是会展从业人员进行下一步学习的前提。因此，读者应将本章作为全书学习的基础篇章来加以重视，才能为课程的学习奠定良好的基础。

【学习目标】

　　1. 了解会展文案的含义和构成要素；
　　2. 掌握会展文案的特点、作用和种类；
　　3. 掌握会展文案写作的基本要求和格式。

【导入案例】

第5届南博会公告

　　作为我国"一带一路"倡议重点培育的大型国际性展会，中国—南亚博览会暨中国昆明进出口商品交易会（以下简称"南博会""昆交会"）致力于深化中国与南亚、东南亚，乃至世界各国、各地区的政策沟通、设施联通、贸易畅通、资金融通、民心相通，

努力促进与"一带一路"沿线国家和地区共商、共建、共享。在中国政府的正确领导下，在参会各国政府和社会各界的大力支持下，层次一届比一届提升、规模一届比一届扩大、内容一届比一届丰富，水平一届比一届提高，已经成为中国全面深化与南亚、东南亚乃至世界各国多边外交、经贸合作和人文交流的重要载体和"一带一路"倡议中多领域、多层次交流与合作的重要平台，为区域间增进理解、凝聚共识、深化合作发挥了重要作用。我们真诚希望各位使节与国内机构积极沟通联系，促成各国贵宾莅临会议、出席相关重要活动；协助邀请各国商协会领袖出席活动，共谋发展；积极向各国工商企业界宣传推介第5届南博会暨第25届昆交会，组织更多有实力的企业和企业家参展参会，共聚昆明、寻求商机。

为积极响应国家"一带一路"倡议，进一步促进与东南亚、南亚国家的友好交流合作，第5届南博会暨第25届昆交会将于2018年6月14日至20日在云南省昆明市举办。本届展会以"促进中国—南亚、东南亚全面合作发展"为宗旨，以"亲诚惠容，合作共赢"为主题，按照"隆重、热烈、节俭、高效、务实"的要求举办各项活动。

本届南博会展览面积在第4届18万平方米基础上再增加1万平方米，达到19万平方米，参展参会国家和地区预计将超过80个；拟安排标准展位9000个，设置19个展馆，包括开幕式及主题展区、南亚馆、境外馆、机电馆、品牌馆、省外馆、云南馆等。同期还将举办第13届中国—南亚商务论坛、第10届GMS经济走廊活动周、第16届中国—东盟华商会、第6届中国侨商投资贸易促进会、博览会客厅高端访谈、中国–南亚旅游合作论坛、经贸合作项目签约仪式及第9届中国·东南亚·南亚艺术周等会期主要活动。邀请各国政府机构和商协会介绍各国投资政策、环境和投资项目，为各国开展招商引资和中国企业开展对外投资合作提供平台，推动达成更多共识，凝聚更多发展合力。

中国—南亚博览会商机无限！竭诚欢迎国内外客商参会参展，互利共赢，共谋发展。

会展申办报告的写作是一次会展活动的起点，属于会展文案的写作范畴。有人说，会展是一个城市的名片，能够通过申办报告成功地争取到一次举办国际性的会展活动的举办权，是能够为会展举办城市提升其知名度的一种十分快速而有效的方式。因此，作为与会展活动各环节相关的会展文案写作工作也十分重要和必要，在会展活动过程中应认真对待、认真写作。

第一节　会展概述

会展作为一个新兴的朝阳产业，对社会经济的发展和文化交流具有巨大的推动作用。国际、国内会展业发展的现状也是会展从业人员明确会展文案写作重要性的基础。

一、会展的含义

1. 会展和会展业

随着社会和经济的快速发展，近年来，"会展"一词呈现了高频点击率，会展也日渐成为一个新兴的朝阳产业。什么是会展？从不同的角度看会展，可以折射出不同的亮点。

组展商说：会展是特殊的服务行业，核心本质是服务。

参展商说：会展是最经济、最实惠、最有效的立体营销广告。

建筑家说：会展场馆规模宏大、气派，是城市标志性建筑。

学者说：会展是智者的峰会，是传播新思想、新观念的论坛。

经济学家说：会展是经济发展的又一个新的增长点。

环保专家说：会展是"不冒烟的工厂"，是无污染的绿色产业。

市长说：会展是一项提升城市两个文明建设、利国利民的德政工程。

预言家说：会展是充满活力、前途无量的朝阳产业。

……

会展其实就是指在一定的地域和空间，围绕特定主题，多人定期或不定期举行的一种聚集交流活动。一般而言，会展是会议和展览的总称，会议、展览会、博览会、交易会、展销会、展示会等都是会展活动的基本形式。这是狭义的会展定义。

而国际上，会展的定义又通常被称为MICE，即广义的会展，是由会议（Meeting）、奖励旅游（Incentive tour）、大型会议（Conference）和展览会（Exhibition）这四个词中的第一个字母组合而成。随着会展业的不断发展，MICE中的E又包含了新的含义：节事活动（Event）。可见，广义的会展可以理解为会议、展览、节事活动和奖励旅游的统称。

随着会展企业的大量出现，会展行业协会的建立和会展专业人才培养机制的建立等，会展成为一种经济产业，这一点已经成为人们的共识。会展业就是指通过举办以上各种形式的活动而获取经济效益的一种行业。

2. 国际会展业发展现状

会展业在国际上被称为"触摸世界的窗口"。进入21世纪以来，国际会展产业已

逐渐走向成熟，成为世界各国的朝阳产业。据不完全统计，目前全世界的大型会展总数超过15万个，其中规模性的国际会议7万多个，国际展览超过8万个，全球会展产业的直接经济效益达到了3000亿美元。

欧美会展业整体实力领先，行业发展重心向中国等新兴市场迁移。欧洲会展业整体实力及规模均最强大，德国等欧洲国家相继成为世界知名的会展强国。伴随着亚洲、非洲和拉丁美洲等新兴市场的经济发展，国际会展产业出现了发展重心由发达国家向发展中国家转移的趋势。

国际会展业呈现品牌化、集团化，并加速国际化及信息化扩张趋势。依托于所在城市及区域的产业，发达国家主要会展地区与其本身的产业发展特点紧密相关，并形成了品牌效应。展览规模直接跟展览效果及经济效益相关，展会大型化、集团化、品牌化已成为国际展览业的发展趋势。

会展业受到世界各国政府的重视，国际组织活跃。经过多年的发展，欧美发达国家的会展业已经成为成熟的产业，在组织管理、市场拓展、品牌扩张等方面都积累了丰富的经验，并在行业内倡导形成了国际展览局（BIE）这一政府间国际组织及国际展览业协会（UFI）、国际展览与项目协会（IAEE）、独立组展商协会（SISO）等国际性行业协会组织。由于会展业对国家经济及国际贸易具有明显的促进作用，会展业受到世界各国政府的重视。许多国家将会展行业作为国家经济贸易发展的重要环节，为促进会展业的发展设立了全国性的展览管理组织，如德国展览业协会（AUMA）、美国展览服务与承包商协会（ESCA）等。

3. 中国会展业发展现状

近年来，中国会展业年均增长率为20%，不仅培育了一批有影响的世界品牌展览会，而且拉动了外贸和投资的增长、促进了经济的持续平稳健康发展。当前，中国已形成"珠三角""长三角""环渤海""中西部""泛北部湾"等多区域、多层次的会展业聚集区。除了总体保持增长趋势之外，展览面积增速快于展览数量增速，单个展会展出规模扩大，规模经济效应明显增强。此外，会展业发展方式发生质的飞跃，由数量扩张型向质量提升型内涵发展转变，会展业成为构建现代市场体系和开放型经济体系的重要平台。

会展产业已成为国内一线城市重要支柱产业。目前，越来越多的城市开始重视展览业的发展，为展览业稳定发展注入了更多的增长动力。会展业对于促进供给侧结构性改革有着非常大的引领作用，展览会为生产者和消费者打造了一个平台，对于生产有较强的引领和带动作用，为社会经济的发展注入新的活力，从而为展览业的持续增长带来新的机遇。

我国会展业规模持续增长，会展经济产值不断扩大。2011—2016年，我国举办各类展览数量从6830场上升到10519场。展览面积从8120万平方米增加到13264万平方米。展览面积的增速快于展览项目增速，单位项目规模扩大，展览行业效益向好。随着会展业办展数量和办展面积的快速增长，会展经济产值也相应地实现大幅增长。2011年会展经济直接产值仅为3016亿元，而到2016年增加到5612亿元。

会展行业粗具规模，由数量扩张型向质量提升型内涵发展转变。经过十余年的快速发展，我国会展业已粗具规模。2015年，全国共举办各类展会9283场，展览面积11798万平方米，会展经济直接产值达到4803.1亿元人民币，约占全国国内生产总值的0.71%，占全国第三产业增加值的1.41%。

4. 行业的未来发展趋势

国家政策鼓励展览业加速发展，行业向市场化方向改革。2015年4月，国务院发布《关于进一步促进展览业改革发展的若干意见》，首次从国家层面针对展览业的改革发展进行部署，具有重大意义。该意见强调，促进展览业改革发展，坚持专业化、国际化、品牌化、信息化方向，培育壮大市场主体，加快展览业转型升级，努力推动我国从展览业大国向展览业强国发展，更好地服务于国民经济和社会发展全局。到2020年，基本建成结构优化、功能完善、基础扎实、布局合理、发展均衡的展览业体系。部分省市相继发布支持展业发展的相关政策实施文件，商务部牵头建立了促进展览业改革发展部际联席会议制度，将展览业作为发展现代服务业的重要组成部分。随着政府不断简政放权，鼓励各种所有制企业根据市场需求举办展会，会展行业的市场化程度将持续上升。

展会行业分布逐步拓展，创新会展项目存在增长空间。我国会展行业正在完成专业化和市场化转型，展会的选题逐步受到行业发展潜力和会展服务需求的影响。建筑材料、钢材、煤炭等展会举办历史较长、景气程度低迷的会展市场将面临更为激烈的竞争，而消费产品、服务业、新兴产业等行业的会展项目将存在较大的增长空间。

现代信息技术在展会中的渗透程度加深，会展运营效率有效提升。会展业信息化水平显著提高，"互联网+"作为推动会展业新一轮转型的外在动力，将对传统会展业形成具有变革意义的冲击和倒逼，刺激会展商业模式主动调整，变革服务边界，提高服务效率和服务质量，进一步深化改革，再造产业链条，重构产业格局。

会展业趋向品牌化发展，服务范围呈现多元化。国内主要会展企业和外资会展企业逐步通过收购优质会展运营商、新设会展项目等方式拓展行业布局；经营服务也将从单一专业会展策划、运营延伸至场馆搭建、展馆运营等展览相关领域。

二、会展的作用

会展业具有影响面广、关联度高、发展潜力大等特点，对于推动国民经济和社会发展具有重要意义，在带动经济增长、扩大市场消费、促进经贸合作、增加社会就业、推动城市建设等方面发挥着积极作用。曾经有一个很形象的比喻——将会展比喻为"城市的面包"，会展作为全球瞩目的朝阳产业，对社会经济的发展和文化交流具有巨大的推动作用。

1. 传递汇集信息

会展活动提供的是一个人流、物流及信息流高度集中的平台，即使是在信息技术和手段高速发展的今天，会议和展览等会展活动的便捷性、集中性、直观性和快速性，在新信息的发布、新技术的推广等方面仍起着不可替代的作用。可以说，会展活动在某种程度上就是一个信息市场。

在会展活动中，组展商首先从参展商和其他信息提供者那里收集必要信息，然后再进行综合整理和加工，汇编成册，印制成参展说明书，提供各类详尽信息。参展商在主动向组展商提供自身信息的同时，还在展会中主动搜集自身所需要的信息，密切联系组展商及其他信息提供者，尽可能地为今后的商务活动获取更多的信息，力争"不虚此行"。会展活动期间，参展商还可以利用各种信息渠道，如：会展的报刊、电视、广播、网络、户外广告、实地展示、洽谈沟通等各种营销方式宣传自己的产品，推介自己的品牌和形象。国际展览局秘书长洛塞泰斯曾说，世博会是主办国的一次超级盛会，也是关于主题的一次全球知识及信息大交流。德国IFO公司的调查结果也表明，企业之所以参展，就是为了宣传企业形象、提高企业声誉、密切与客户的联系、引入新产品、提高产品的知名度、交流信息等目的，而展会能够汇集各方信息，很好地满足企业的这些需求。

每年于北京举办的"中国国际科技产业博览会"（科博会），是国内外高新产品的一个"比武台"。在展会中，中外高科技最新成果层出不穷、异彩纷呈，让人目不暇接。在第七届北京科博会上，海尔、首钢、联想、四通等国内著名企业纷纷在展会上强势推出最新"看家撒手锏"；"863"项目成果"电动客车"每充电半小时就可以行驶150~200千米，最高时速能达到90千米；集机、电、液一体的全断面隧道挖掘机，堪称现代"土行孙"；新款个性化手机、数码相机令观众爱不释手；数码门锁、机器人吸尘器、智能化冰箱也十分抢眼，深得观众青睐……这些新产品一经展会亮相，经媒体报道，为全国众多顾客消费群所了解，信息便得到了快速有效的传递。可见，会展活动能够为企业带来直观的展示和新信息、新技术发布的契机，在汇集和传递信息方面具有其他活动及服务媒介不可比拟的优越性。

2. 促进贸易合作

会展活动往往不仅是一项单纯的集聚活动，而是一种以展示为主要手段的交流活动，是促进贸易、增强合作的一次盛会。在展销会上，参展商为卖而参展，参观者为买而参观。参展商可以在有限的时间内最广泛地接触买主，观众购买商可以在有限的空间里最广泛地了解产品。通过商品展示和实物观看，供需双方能够充分了解对方的信息和需求，买卖双方可以完成介绍产品、了解产品、交流信息、建立联系、签约成交等买卖流通过程，参展商可以在潜在客户表示兴趣时，抓住机会开展推销、洽谈工作，直至成交甚至当场回款。展会起到良好而有效的沟通、贸易、合作的作用，可以迅速促成供需双方达成商务合同，孕育着无限的商机。据相关统计数据表明，参展商通常都通过展会来接触整个行业或市场的大部分客户，这可能比使用其他常规方式一年甚至几年所接触的客都要多。

阿里巴巴在线下每年还参加至少45个专业性国际展会，其中包括法兰克福、拉斯维加斯等国际著名展会，其最终目的就是为客户寻求更多的买家，提升用户的投资效果。

海尔集团最开始在广交会只是一张桌子的小摊位，发展到现在已经是超过500平方米展位的"海尔馆"。据海尔方面介绍，20多年来海尔一届不落地参加了广交会。海尔集团总裁张瑞敏曾公开称"再忙也要参加广交会"，并曾在参加广交会时说："从当初的一个展位，到今天的海尔馆，广交会是我们进军海外市场的最佳贸易平台，我们是依托广交会发展壮大的。"尽管从2002年开始，在广交会上越来越少见到张瑞敏的身影，但海尔方面表示集团依然重视广交会的工作。"海尔已经建立一个自主的海外贸易渠道，但公司依然会参加每年的广交会，一是出口成交，二是交一些新朋友，三是展示形象。"海尔出口部的一位负责人透露称，现在参加广交会对海尔来说更多属于形象工程，重在进行品牌推广。

2004年在新加坡举行的亚洲航空展中，仅公布的部分交易额就达到了35.2亿美元。可见，展会提供的这个有效的信息交流和商务活动的平台，能使众多的参展商、生产商、批发商和分销商汇聚一堂，交流、沟通、贸易与合作的作用显而易见。

3. 带动经济发展

会展活动可以产生直接的经济效益，这是它得以迅速发展的重要原因。德国汉诺威和慕尼黑、瑞士日内瓦、美国纽约、法国巴黎、英国伦敦、新加坡和中国香港等世界著名的"展览城"，会展业为它们带来了直接的收益并促进当地经济的繁荣。美国一年举办200多个商业展会，带来的经济效益超过38亿美元；法国展会每年营业额达85亿法郎，展商的交易额高达1500亿法郎，展商和参观者的间接消费也在250亿法郎左右；中国香港每年也通过举办各种大型会议和展览获得了可观的收益。

会展活动还可以拉动其他产业的经济发展。2006年在中国香港开幕的电信界"奥林匹克"盛会——世界电信展开展首日即吸引了5万电信迷到场参观。一个专业性的巨型国际展会如何成为拉动城市经济上升的加速器呢？世界电信展本次在中国香港的情况给了我们不少启示。

酒店价格翻几番——来自160个国家的5万观众到中国香港观展，随之而来的是酒店的价格飙升。深圳一位参展商告诉记者，原来打算在中国香港机场附近挑选酒店，可是发现标准房价格全部上涨至3000多港元，后来他还是选择在深圳住。虽然像张先生这样选择住深圳的参展商占了一部分，但是中国香港酒店的价格并未因此下降，房价比原来攀升一倍以上。

一个豪装砸千万——专业的展会参展商比拼的是什么？记者发现，本届世界电信业盛会中来自40个国家的650家企业不仅看重展示各自的技术和解决方案，还在各自的

摊位装潢上砸下重金，争奇斗艳。

有的参展商以豪华水晶吊灯做装饰，有的建起亭台楼阁、休息室、咖啡厅，一家国内的知名电信设备企业还花费几百万元加装了专为 VIP 服务的专用电梯。一位业内人士透露，搭一个三层的摊位起码要耗资上千万元，普通的展位投资也在百万元以上。

此外，展会在硬件的投资上也非常大，仅安装逾两千米的临时桁架，就相当于将19685 部流动电话首尾连接摆放。大会还为 650 个参展商的所有电力设备提供所需总电压。这相当于供应给一座具有 583333 位市民的城市电力，也差不多等于供应给美国怀俄明州的电力。而在 11 个展厅铺设 28484 平方米的地毯，也耗资不菲。

餐饮消费业大旺——素为美食、购物天堂的中国香港在本次电信展期间更是获益匪浅，遍布大街小巷的特色美食，聚集全球知名品牌的各色商品，都吸引了世界各地的参展商打开荷包。繁华街道的不少餐厅都出现了等位的现象。而在展会现场，二楼的四间餐厅从上午 11 时至下午 4 时都爆满。其中一间西餐厅销售 200 港元一位的自助餐，该餐厅大约 200 个位置，每日吃 12 轮，就可收入 48 万港元。世界电信展一次会展活动创收 9 亿港元！

会展活动可以通过举办各类会议、展览、节庆、旅游等活动带来直接或间接的经济效益和社会效益。每一次会议或展览的举办吸引大量的商务客商和游客，吸引大批中外参展、观展人员，从而极大地推动了会展举办地的交通、旅游餐饮、零售等第三产业的发展，带动了当地经济的发展，全面提升其综合经济实力。

4.提高知名程度

"过去博鳌是个小渔港，吸引的是海南岛各地的渔民，现在博鳌是个'会议城'，吸引的是来自世界各地的精英。"这句话充分显示了博鳌亚洲论坛给博鳌带来的巨大变化。这说明了一次国际会议或展览不仅给当地带来可观的经济效益、带来无法估价的社会效益，还可以大大提升主办城市的知名度。国际展会是最大最有特色、最有意义的城市广告，它能够向世界各地的参展商、贸易商和观展人员宣传一个国家或地区的科学技术水平、经济发展实力，展示城市的风采和形象，扩大城市影响，提高城市在国际国内的知名度和美誉度。

世界著名的会展中心城市，如纽约、汉诺威、慕尼黑、杜塞尔多夫、巴黎、伦敦、中国香港、达沃斯等，都是国际知名度很高的城市，会展业既为其带来了巨额的利润和经济的繁荣，也成为这些城市向国际社会展示其城市风采的重要窗口。财富论坛和亚太经合组织会议（APEC）在上海的成功举办，有力地提升了上海的国际知名度，推广了上海作为国际金融及商贸中心的地位，带动了以上海为中心的长江三角洲地区的经济发展。

5.增加就业机会

会展业隶属于服务行业，它所带动的交通、旅游、餐饮、基础建设等相关产业的同步发展对增加大量的社会就业岗位起着积极的作用。可见，会展经济的发展无疑为增加就业提供了一条有效的渠道。据测算结果显示，每增加 1000 平方米的展览面积就可创造近百个就业机会。在香港，一年的会展活动可为香港居民提供 9000 多个就业机会；昆明世界园艺博览会使整个云南省的旅游业火爆起来，进而带动了相关行业的 40 万~50 万人就业；北京申奥成功，造就了几百万个就业机会；申博成功更有利于上海经济持续快速健康发展，并给上海创造大量的就业机会。由此可见，会展活动大大地提高了会展举办地的就业机会。

会展活动在汇集传递信息、促进贸易合作、带动经济发展、提高知名度和提高就业机会等方面的作用显而易见，一次会展活动的举办对于会展举办地而言具有十分重要的意义。因此，围绕会展活动而产生的会展文案写作工作就更应当受到高度的关注和重视。

第二节 会展文案概述

会展文案是因会展活动的需要而产生，具有鲜明的特点及充分的作用，其根据会展操作过程、文案形成的时间、阶段划分为不同的类型，在写作上应注重把握相关的写作要求。

一、会展文案的含义

会展文案是指因会展活动需要而产生并在会展管理和举办过程中使用的会展文字材料。

会展文案的写作贯穿于会展活动的全过程。在一次展会的流程中，前期的策划需要拟写策划文案，如会展立项策划书等；市场推广需要拟写市场推广文案；招展就是以一些会展文案为文本基础进行会展活动的实际营销，如招商、招展书的拟写等；客户服务可以通过参展说明书等为展商提供一切有关参展事宜的专业服务；展会期间通过拟写展会通信等发布展会活动的及时信息；展后要针对展商和参观商进行回访，整理好数据库，然后撰写总结报告，提供给参展商，还需要在媒体上拟写并发表展会之后的相关报道。在这一系列活动过程中，需要拟写众多相关的文字材料，这些材料都紧紧地围绕着一次会展活动的进程而产生。因此，会展文案的外延十分宽泛，凡是会议、展览、节事活动组织者（包括主办、承办、协办方）或赞助者在筹办、举办、结束三个阶段中制作、发布、反馈、签订的文书，或者与会者、参展者、客商之间洽谈、交流、确认等文案，都可列入会展文案的范畴。

二、会展文案的特点

1. 写作目的的明确性

会展文案的写作围绕着会展活动而进行，因此，其目的性十分明确，就是为了整个会展活动服务。从颁布一项新的会展法规、政策，到展会信息的发布；从申报一个会展

项目，到展会结束后的总结，会展文案都围绕着会展管理、会展活动的一切事件而写作，具有明确的目的性。如：展会调查问卷中的专业观众调查问卷与展商调查问卷就是考量展览效果的重要依据，问卷在问题的设置上最大可能地方便主办方今后组织更为专业的观众以及参展商等；又如：参展说明书所包含的内容对参展商进行筹展、布展、展览和撤展等方面有较大的指引作用，也对参展商邀请其老客户来展会参观有辅助作用；无法体现以上作用、无法体现会展文案写作目的明确性特点的内容就不能编入参展商手册。

2. 写作内容的专业性

会展文案具有专业性。会展行业需要将经济、营销、公关客户管理、礼仪、旅游、设计等多种学科知识结合起来，涵盖较广的知识面，是一个综合性较强的行业。在写作中，文案会涉及不少相关的专业知识，使用较多的行业术语，从而反映行业活动的具体情况。如：参展说明书中就需要写作主题、遣词造句要符合行业习惯和规范，要使用行业熟悉的语言，所涉及的术语要符合行业规范，内容编排也要符合参展商筹展的筹备程序等，这些要求都体现了会展文案写作内容专业性的特点。

3. 写作项目的全面性

会展文案写作围绕着会展管理和服务的宗旨，在写作中以会展活动参与各方为主要服务对象，写作项目注重详细、全面，才能更好地为会展活动服务。如：对于参展说明书提到的各项内容要尽量详细，如对布展和撤展加班时间的规定可以具体到小时和分钟，对各种表格的返回最后期限的规定具体到某月、某日等，从而方便展会进行具体操作和管理；参展说明书对展览场地基本情况的说明中，展馆入口的高度和宽度、对展馆的地面承重能力、对消防的注意事项等要一一列明，不能遗漏，如果没有提到展馆入口的高度和宽度，就有可能会使些较大较长的物品进不了展馆，现场操作随即就会出现问题。

4. 写作结构的规范性

会展文案写作结构的规范性，是指格式、形式上应当符合行业需求和规范。如：参展商表格具有固定而规范的表格格式；参展说明书需要使用惯用的写作格式向行业目标客户及潜在的合作伙伴传播展会相关信息；会展合同、招投标文件的结构体式都需要符合法定的规范及标准；展览企业对外文件、信函也都具有固定的格式和标准化的要求，以便于进行会展活动管理并且满足行业需求，便于文案的专业信息沟通及归档管理。

5. 写作活动的时效性

会展文案围绕着整个会展活动的开展而进行，只要活动结束，前期、中期写作的文案也将自动失去效力。因此，在活动期间，相关文案都需要及时、迅速地拟写和发布，讲求时效，因为延误时间不仅会使会展文案失去应有的功效，还会严重影响会展活动，给工作带来不应有的麻烦和损失。

6. 写作文字的国际化

如果需要举办一次国际性的会展活动，会展文案的写作还会注重文字使用的国际化需求。如：参展说明书的内容编排和制作要尽量做到符合国际参展商的需要，除了要有中文的文本，还要有外文的文本。围绕着会展活动的主要参加对象，文案还需要进行相关的翻译。外文文本的参展说明书，是海外参展商筹备各项参展事宜的依据，因此，翻译工作一定要细致准确，否则，将会给参展商参与会展活动带来极大的不便。

三、会展文案的作用

1. 提供信息服务

及时了解和更多地掌握会展活动的相关信息是参展商成功参展的基础。在会展活动期间，参展商可以通过使用互联网、传统媒体、户外广告和公告栏同行交流等方式获取会展信息，而会展文案写作的目的正是使参加会展活动的各方获取相关信息，通过各种媒介将文案发布，将信息传播，以便使会展活动顺利进行，这是会展文案的首要作用。

2. 记录会展活动

会展文案是记录整个会展活动的文字凭证，它真实地记载会展活动的全过程，并通过拟写各种文案，将会展活动各环节的工作进行必要的记录，然后进行分析、归纳和整理，更好地为会展活动服务。

3. 实现沟通交流

会展是一项信息密集的交流活动，会展文案则是促进会展参加对象之间信息交流与沟通的一种有效的方式。如：会展简报、商品介绍等会展文案能使信息以最快的速度在参加对象间相互交流，会展宣传手册还能介绍会展情况与信息，从而发挥其沟通思想、交换意见、协调关系、宣传品牌、达成交易等作用，对会展活动各方的沟通交流奠定文字依据和基础。

4. 促进规范管理

会展文案与别的文章不同，它在促进规范会展管理方面起到不可忽视的作用。会展可行性研究报告能够为会展活动的顺利开展提供依据；会展合同能为会展服务和管理提供具有法律效力的保障。会展活动中所拟写的各种文案，反映的是整个会展活动过程中的组织、开展及总结等相关情况，在会展活动结束后，会展文案可以为今后查找文档提供依据，为今后举办类似的会展活动提供有利的借鉴和参考。

四、会展文案的种类

会展文案的种类可以根据不同的划分标准，分成不同的种类。本书主要以会展操作过程、文案形成的时间阶段，将会展文案划分为以下几种主要类型。

1. 会展计划、组织阶段文案

会展计划、组织阶段文案是指一次会展从确定展览题材、搜集信息、进行展览项目立项策划一直到会展正式开幕前的预先准备阶段涉及的相关文案，它们为会展活动成功举办奠定了基础。

（1）会展市场调研文案

会展市场调研文案主要是指会展市场调查报告、会展调查问卷（包括参展商调查问卷和观众调查问卷）。会展主办单位应通过分析市场需求及参展商、观众的需求，来确定该会展活动的主题及相关事项。

（2）会展项目立项可行性研究报告

作为会展项目申办审批的必备材料，会展项目立项可行性研究是在会展决策之前，运用专门的技术经济方法，对拟办会展项目的必要性、可行性等进行全面的分析、预测、计算、评估和论证，为选择最佳会展决策方案提供科学依据的活动。

（3）会展立项策划书

会展立项策划书就是根据掌握的各种信息，对即将举办的展览会的有关事宜进行初步规划，设计出展览会的基本框架，提出计划举办的展览会初步规划内容的文本。

（4）会展计划

会展计划是为会展工作预先做出打算和安排而写作的文案。

（5）会展申办报告

会展申办报告是为了会展活动的申办而向相关的政府部门或国际会展组织拟写的报告。根据我国政府的有关规定，展览会的主办单位必须向政府部门申报，得到批准后才能举办会展活动。根据会展活动举办的地域范围的区别，国际会展活动的申办需要向国内的有关主管机构请示，获得同意后再向发起会展活动的国际组织提交申办报告。国际展览局在《国际展览公约》中明确规定：在申办世博会的报告中，必须表述开幕和闭幕的日期、主题和主办主体的法律状态。这些内容由申办国家以申办报告形式递交给国际展览局执行委员会。

（6）会展招展和招商文案

会展招展和招商文案包括会展招展方案、招商方案、会展招展、招商函等，其目的是招揽到合适的企业参展，吸引参展商需要的贸易观众前来参观并进行贸易洽谈，是展览会取得成功的基础。

（7）会展招标投标文案

会展招标投标文案是在围绕会展项目进行的招标投标活动中所产生的文件的总称，这类文案是会展活动主办方得以进行下一步活动的前提。

（8）参展商、观众邀请函

参展商邀请函是一种以个别发送的方式邀请特定的法人、其他组织或个人参展的文案。观众邀请函是办展机构根据展会的实际情况编写的、用来进行展会招展的一种宣传单。参展商、观众邀请函采取公开的方式发布，且知晓的范围越广越好，这是会展活动得以顺利开展的人气基础所在。

（9）会展信息发布稿

会展信息发布稿是大型展会的组织者用简洁明了的文字及时向参展商、专业观众新闻媒体等发布新近发生的会展信息的一种文案，是将会展信息广而告之的一种方式。

（10）参展说明书

参展说明书又称参展商手册，是办展机构将会展筹备、开幕以及参展商参加会展时应注意的相关事项汇编成册，以方便参展商做好参展准备的小册子。编制参展商手册是会展筹备运作过程中的一项基础工作。

（11）会展相关活动策划文案

会展相关活动的策划文案较多，包括会展接待方案。会展相关活动的策划，目的就是为参展商和贸易观众提供良好的附加服务，提高展会的形象和档次。

（12）会展意向书

会展意向书是会展活动过程中当事人之间表达合作愿望的文书。会展意向书没有法律约束力，它往往是会展合同签订前奏曲，很多重大项目的合同是在意向书的基础上签订的，它是签订重大会展合同的必要准备。

（13）会展宣传推广文案

会展宣传推广文案包含会展宣传推广计划、会展广告文案等，会展宣传工作贯穿会展活动的全过程，目的就在于宣传会展，提升会展活动的形象。

（14）会展契约文案

会展契约文案包含会展业务合同及会展协议书等，即会展承办单位等为了会展活动与会展活动涉及的单位之间签订的业务合同、协议书等。这类文案具有法定效力，能够为会展活动合法化提供强有力的依据。

2. 会展实施阶段文案

会展实施阶段文案主要是指会展活动实施过程中涉及的相关文案，此类文案是进一步宣传和推广会展活动的有力方式和工具。

（1）会展新闻稿

会展新闻稿又称会展消息，是用简洁明快的文字迅速、及时反映新近发生的会展事件的一种新闻文体。

（2）会展记录

会展记录由会议记录和展览记录构成。会议记录是由会议组织者指定专人，如实、准确地记录会议的组织情况、会议进程和会议内容的一种原始性文书。展览记录是展览举办期间用以记载接待和现场情况的原始性文件。

（3）展会通讯

展会通讯是办展机构根据展会的实际需要编写的、用来向展会的目标客户通报展会有关情况的一种宣传资料。

（4）会展简报

会展简报是在会展期间为反映会展活动进行情况而出版的简报。

3. 会展总结、反馈阶段的文案

这个阶段的文案主要针对会展后期的相关活动而形成，通过各种文案的写作，不断成功地总结经验，吸取失败的教训，及时调整今后工作的方向和策略，以提高下一次展览会的举办水平与质量，这是促进会展活动不断提高的关键所在。

（1）展后调查问卷

展后调查问卷是会展活动举办后期针对一次会展活动获取反馈信息的一种重要方式，是会展活动总结的一个前提和基础，也是必不可少的一个环节。

（2）会展评报告

评估工作的作用和意义在于为判断已做过的所有工作的效率和效果提供标准和结论，并为提高以后工作的效率和效果提供依据和经验。会展评估报告就是让主办单位根据评估的结论和建议，及时调整会展发展方向、运作管理方式等，扬长避短，来完善自己的展会品牌。目前在国外，特别是德国、意大利、法国等一些展览业发达的国家，会展评估行业早已实行专业化和产业化经营，业内的分工十分细化、十分专业，而且还派生出许多专业的展览服务公司，如：展览广告公司、布展公司、策划公司、顾问公司、评估公司等，专门为展览主办单位提供策划、预测、统计和评估等专业的展览服务。

（3）展后总结报告

展后总结报告是每次会展活动后期工作的重点，只有不断总结，才能有所提高。展后总结是管理工作的组成部分，总结的功能作用是统计整理资料，研究分析已做过的工作，为未来的工作提供数据资料、经验和建议。因此，总结对经营和管理具有重要意义和作用。

（4）展后信函

展后的信函是建立信息库的一种有效的方式，也是建立良好客户关系的有效途径。

五、会展文案的写作要求

1. 主题明确集中

任何一次会展活动都具有一个明确的主题，参展各方的展示或相关活动均应围绕该主题展开。主题明确集中就是要求明确会展文案的写作目的，这样才能围绕此主题更好地组织和安排相应的文案写作。如：招展书的写作结构往往就是按以往展会的简介及回顾、展品的范围、宣传方式、收费标准及报名程序等部分进行安排，以体现吸引参展商选择此展会的目的及充分的理由，并且让有意向的展商明确参展的作用、收费标准以及如何参展等主题，写作中就应当紧紧围绕着明确的主题进行拟写。如：2006 年第十一届越南国际电讯及资讯科技展览会的展会招展书的封面上清晰而明确地印制了展会名称、展会举办的时间和地点，主办方、承办方、合作方等，主题明确，办展信息翔实，给参展商在心理上提供了一个强有力的信赖和保证，从而促进其积极参与会展活动。

2. 材料真实可靠

会展文案的写作要求信息真实、数据真实，这样才能确保会展活动正常顺利地开展，否则就会使参展商蒙受欺骗或损失，导致会展活动的失败。会展活动中的骗展情形时有发生，归结起来大致有以下几种情形：

第一种，扯虎皮当大旗。许多骗展者在组织展会时最喜欢将"中国"挂在展会名称的最前面，以示国家级；如若不能用"中国"，就用国务院某部委办或者"××省""××市"等，以增加官办色彩。然而，国家早有明文规定，挂"中国"字头的必须由商务部审核批准；挂"国际"字头的要有相关资质的展览公司才能承办。然而，笔者通过对几个在广州举办的"国"字头展会进行调查，竟发现它们都没有得到相关部门的批准，均未能提供明确的文案依据。

第二种，挂羊头卖狗肉。骗展者摸准了许多技术性较强的企业喜欢参加专业展会，于是投其所好，分别设计了多种专业性专题展会向企业发出参展邀请。由于信息不对称，企业无法了解到招展商的真实目的，便稀里糊涂地签了参展合同，交了款。可到会场一看，所谓的专业展会却是一个"大杂烩"。广交会旧馆曾举办过一个所谓的行业展，承办者分别向五六个大行业里的小行业发出了六个版本的招商邀请。直到开幕当天，参展商们才知道，号称五六百个企业参加的展会，实际才来了不到一百家；参展商将手里的合同一对照，发现招展商竟用了五六个展会的名称骗他们来参展。

第三种，偷换概念，投机取巧。在 2006 年秋交会期间，一些骗展者为了降低经营成本，租用了租金较低的场地。但为了骗外地参展商，就在地理概念上大做文章，拼命往广交会会馆上靠。举办展会的场所离在琶洲举行广交会二期的广州会展中心少说有 20 多分钟的车程，却"巧"用了珠江概念，说隔江相望、一江之隔等；还吹嘘"乘坐展会提供的专用巴士行经华南快速干线只需 5 分钟"等，参展商来了以后才知受骗。

因此，会展文案写作主体需要具备良好的职业素质及高度的责任感，不应在广告中夸大其词，编造专业观众的情况，夸大自己的组织能力，无中生有地附上诸多权威支持媒体的名录。只有在写作中坚持使用真实的材料，才能使会展活动得以健康、稳步地发展。

3. 表达方式使用正确

会展文案写作属于应用文范畴，因此，在写作中应主要使用说明、叙述表达方式为主，还可以少量使用议论、描写等表达方式，一般不使用抒情。通过正确运用表达方式，将会展相关信息进行明确、清晰的介绍，达到表述准确简洁、写作层次分明等效果。

在展会项目立项策划中，办展时间的写作部分主要运用说明的表达方式向参展商详尽地介绍展会活动的各种时间安排。例如：

开幕时间：2008 年 12 月 19 日上午 9 点 30 分

展览时间：2008 年 12 月 19~22 日，每天上午 9 点至下午 5 点

观众开放：2008 年 12 月 19~20 日，只对专业观众开放

2008 年 12 月 21~22 日，对专业观众和一般观众都开放

筹展时间：2008 年 12 月 16~18 日，每天上午 9 点至晚上 8 点

撤展时间：2008 年 12 月 23~24 日，每天上午 9 点至晚上 9 点

在一则中国（杭州）国际教育展立项策划书中，背景分析部分如下：

浙江省地理位置：位于中国沿海地带的东南扬子江三角洲南部。东北方向与中国最大城市上海接壤。杭州是浙江省的省会，中国七大古都之一，也是当今中国著名的旅游胜地。2007 年 11 月 1 日零时，浙江省的常住人口为 5056 万人。

教育发展状况：自古重视教育。目前，浙江已进入高等教育的普及阶段。现在总共有 57 所大学及专科院校，在校生总达 30 万之多。各高校开设了 143 类博士课程及 342 种硕士课程。许多国内及省际的主要理论学科、重要实验室以及技能训练基地等都已建立。

这则立项策划书的写作中也是运用了多种说明的表达方式将会展立项策划书的背景部分，即浙江省的地理位置和教育发展状况进行了明晰的说明和介绍。

4. 结构严谨规范

会展文案的结构方式应根据文案的不同而有所区别，但都要求结构严谨而规范。结构严谨完整是指会展文案各个部分相对齐备，不可残缺；结构规范合理是指写作要求符合惯用的、规范及特定的写作模式，既符合行业文案要求，又可让文案传播对象能一目了然地掌握文案的主要内容。

比如在会展合同写作中，应当遵循以下结构要求：首部需要拟写合同标题、签订合同当事人的名称或者姓名和住所。正文分开头、主体和其他条款三部分拟写。开头写明合同订立的依据、目的，双方是否自愿订立等内容；主体具体表述合同的各项条款；其他条款包括合同的书写文字及其效力（用于涉外合同）、合同生效的条件、有效期限、合同文本数量及保存方式等条款。尾部由合同各方当事人（或代表）签名并加盖公章。写明合同订立时间、当事人的法定住所。账号和通信方式也可写在各方签订的下面。

5. 语言精练准确

会展文案的写作尤其应当注意语言的正确使用。语言的精练准确是会展文案写作的具体要求。这就要求在进行会展文案的写作过程中，行文尽可能篇幅简短，用词不重复、啰唆。如：参展说明书对各方面内容的说明和叙述应该简洁，文字不要太多，篇幅不要太长，说清问题即可。此外，可以使用一些规范性的简称和专业术语，如使用"世博会"代替世界博览会等，可以使语言显得更简洁明了。但是，在使用简称时，应注意了解此简称是否能够清晰单一地表意，如"西博会"就有西部国际博览会、中国杭州西湖博览会之分，不可随意使用。

6. 语言表意明确

这就要求在进行会展文案写作过程中，语言使用力求单一，不产生歧义，句子正确。如：参展说明书对各方面内容的说明和叙述必须清晰、准确，让人看得明明白白，不能让人看后产生歧义。否则，在展会筹展、布展、展览和撤展等环节的具体执行中就会引起争议，既不利于参展商展出，也不利于办展机构对展会现场进行管理。

如：办证大厅位于会展中心的右侧，共设有 15 个办证通道，1~3 为境外人员办证通道，4~15 为其他人员办证通道。

在这句话的表述中，首先，"右侧"表意不明确，应使用东西南北来明确办证大厅的方位；其次，"境外人员"与"其他人员"的分类标准不统一，这样的表述容易产生歧义。又如：展会的招商招展工作十分顺利，本届展会的参展商比去年增加到了 50%。这句话中的"增加到了 50%"表述错误，与去年数据相比较，应使用"增加了 50%"。

诚然，有些会展活动为了招揽人气，增加销售额，使用语言出新出奇。如：一次房展会上一个楼盘居然打出"首付三万，拒绝月供"的广告口号，虽然看上去挺吸引眼球，也确实有不少购房者向开发商咨询，但等他们明白过来是怎么回事时，立刻表示对这个房子失去了兴趣。其实，这是参展的开发商利用"拒绝月供"这类极具诱惑的词煽动购房者。所谓的"拒绝月供"，是指一个投资型的小户型公寓，在支付首付款后，购房人可以把房子交给开发商，由他们负责出租，用租金抵月供。参加会展活动尤其是房展会的观众，据统计绝大部分购房者用于自住，看到这句"拒绝月供"，本来以为有什么新意，闹了半天还是老套的"以租养贷"。因此，语言的使用如能既精练又准确地表意，让观众看得清清楚楚、明明白白，效果也许会更为理想。如果一味地追求噱头，终将达不到预期的目的。

第三节　会展文案写作学习要求

课程的学习内容是会展从业人员应当具备的素质要求，在学习上应多从思想认识、专业知识、文案阅读和写作练习等方面要求自己，为学好课程奠定基础。

一、思想高度重视

本课程的学习是在会展其他专业课程开设的基础上进行的，其涉及的学习内容与会展从业人员今后的工作密切相关，因此不能偏废。针对本门课程，学习者应当具有一个清晰的认识，即：课程的学习是为会展活动更好地提供管理和服务，了解并掌握相关的写作知识和要求，是一名会展从业人员必须具备的基本功，只有思想上引起高度的重视，才能为本课程的学习打下良好的思想基础。

二、专业知识扎实

会展文案的写作涉及会展活动的方方面面，写作者只有具备扎实的专业知识才能较

好地完成写作任务。因此，写作主体必须认真学习相关的会展专业知识及其他相关的理论知识，打下良好的专业基础，清晰地了解会展活动的流程及相关的行业准则和要求，具备文案写作的业务能力，才能不断地提高自身的写作水平。

三、认真阅读文案

会展文案的种类较多，写作结构比较烦琐，因此，认真阅读和观摩文案是学好会展文案写作的又一要求。在阅读时，学习者首先应当了解文案的写作结构格式，在明确写作要求的基础上，再结合阅读相关的文案例文，注意例文的结构安排、语言特点及写作特色等，阅读结束时再进行归纳和总结，才能更好地把握这种文案的写法，真正达到阅读文案应有的效果。

四、加强写作练习

文案的写作需要具备扎实的语言文字表达能力，这是写好会展文案的关键所在。因此，学习者要增强写作练习才能逐步培养自身的语言文字表达能力，提高对文案写作结构的了解，了解各种文案写作的基本规律，才能更熟练地掌握各种文案写作的要求，写出更能符合会展活动要求的文案，为会展活动服务。

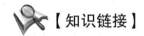【知识链接】

会展场馆面面观（2019）

1. 广交会展馆（4000-888-999，广州，别称琶洲展馆，中国对外贸易中心属下，拥有亚洲较大的现代化展馆，居于国内会展行业领先地位）

2. 国家会展中心（021-67008888，上海，由商务部和上海市人民政府合作共建，目前世界上面积较大的建筑单体和会展综合体，上海市标志性建筑之一）

3. SNIEC（021-28906888，上海，由国际著名展览集团联合投资建造，国内外经济往来的重大国际展会平台，上海新国际博览中心有限公司）

4. 国展 CIEC（010-84600000，北京，隶属于中国国际贸易促进委员会，集展馆经营、国内组展、海外出展、展览工程于一身的综合型集团企业，中国国际展览中心集团公司）

5. 国家会议中心（010-84373300，北京，满足大型会议、展览、多种公共活动和酒店客房需要的大型会展中心，具有亚洲一流水平的大型会展中心，北京北辰实业股份有限公司国家会议中心）

6. 香港会议会展中心（香港，亚洲顶尖的展览及会议场馆，以卓越服务及高规格国际性展会而享有盛誉，展会展览十大品牌，香港会议展览中心（管理）有限公司）

7. 深圳会展中心（0755-82848800，深圳，由深圳市政府投资兴建，深圳市较大的单体建筑，集展览、会议、商务、餐饮、娱乐等多功能于一体的大型会展服务提供商）

8. 成都世纪城新国际会展中心（028-62723777，成都，会展旅游集团旗下知名功能会议会展中心，集展馆、国际会议、酒店及文化设施、商务办公、商业住宅于一体，成都环球世纪会展旅游集团有限公司）

9. 上海世博展览馆（021-20893600，上海，集先进、前沿软硬件设施与优美环境为一体的国际展会活动中心，上海世博会永久性场馆，上海东浩会展经营有限公司）

10. 保利世贸博览馆（020-89899652，广州，保利世界贸易中心的核心组成部分，集展览、会议、品牌展贸、商务办公、餐饮、住宿于一体，华南地区较具影响力的会展中心）

 【复习思考题】

1. 什么是会展文案，会展文案有什么作用？
2. 会展文案的特点有哪些？
3. 会展文案的写作有哪些要求？

 【案例分析】

第十四届中国国际动漫节昨闭幕，143.35 万人次参加

（杭州网发布时间：2018-5-2，09：23：39，星期三）

昨天下午，第十四届中国国际动漫节举行成果总结通报会。

据悉，本届动漫节共有 85 个国家和地区参与，2641 家中外企业机构、5760 多名客商展商和专业观众参展参会。

截至昨天下午 2 点 30 分的初步统计，共有 143.35 万人次参加了动漫节各项活动，其中主会场 36.28 万人次，4 月 30 日达到最高峰，单日观展人数就有 11.1 万人次；实际成交及达成签约交易、意向合作项目 1291 项，涉及金额 138.35 亿元，动漫节消费涉及金额 24.86 亿元，总计 163.21 亿元。

简单来说，本届动漫节大致可以用以下几个"更加"来总结。

1. 价值导向更加鲜明。本届动漫产业高峰论坛以"动漫发展与改革开放 40 周年"为主题，结合"中国经典民间故事动漫创作工程"，弘扬社会主义核心价值观。今年的"优秀动漫作品评析活动"遴选展示了一批国产优秀原创动漫作品，《大世界》等 10 部杭产动漫作品入围终评，入围作品数首次达到两位数。此外，玄机科技、阿优文化、天雷动漫等 10 家杭州动漫游戏企业还在本届动漫节上首次成立了杭州"西湖漫"动漫游

戏公益联盟，用动漫表达爱心，传递了最美精神。

2.品牌影响力更加凸显。今年动漫节，无论是展会还是论坛，都吸引了众多大咖参与。其中，产业博览会共吸引246家国内外企业参展。腾讯、阿里、网易、B站、快看漫画等国内知名互联网平台首次参展亮相，央视动画、中南卡通、玄机科技、电魂网络等国内优秀动漫游戏企业齐集一堂。

动漫高峰论坛也是大师云集。奥斯卡最佳动画长片获奖作品《寻梦环游记》导演李·昂克里奇，最佳动画长片提名作品《养家之人》导演诺拉·托梅，奥斯卡最佳视觉效果获奖作品《银翼杀手2049》数字特效总监麦克·斯迪威尔，以及动画电影《至爱凡·高》首席动画设计师多米妮卡·霍夫曼、卢卡什·戈登等，都来现场发表演讲、分享心得；蔡志忠、朱德庸、夏达、聂峻、唐家三少等都在本届动漫节上举行了作品签售和发布活动。

数据显示，本届动漫节共吸引350个动漫品牌与形象参展，其中小猪佩奇、熊本熊、乐高、星球大战等来自17个国家和地区的国外品牌与形象89个，国外知名动漫品牌占比达25%；腾讯视频、磨铁图书、中南卡通等企业举行了专场发布与专题推介。

3.国际交流更加深入。本届动漫节上，国际动画联盟杭州峰会以"合作共赢"为主题，邀请了来自全球11个顶尖的动画节展主办方和执行机构齐聚杭州，共同探讨动画节展国际化的品牌运营策略，签署了《国际动画联盟杭州议定书》，发布了《国际动画联盟杭州峰会白皮书（2018）》。今后，各个知名动画节展将在人员互访、展位互换、作品推介等方面继续加强合作力度。

首次举行的"中国动漫博物馆经典藏品全球征集再出发"活动，收到中国、美国、法国、日本、荷兰、波兰等国际动漫大师及专家学者捐赠的经典藏品200余幅，其中包括全球第一部彩色动画长片《白雪公主》的背景原画、中国第一部长篇动画电影《铁扇公主》绝版电影拷贝、中国动画创始人万氏兄弟的绝版影像资料等经典藏品。

另外，国际少儿漫画大赛也在境外设立了5个赛区，收到来自30多个国家的4万多件作品。COSPLAY超级盛典设立了7个国际分赛区，有28位国外选手入围总决赛。

思考题：

1.该文案分别体现了会展文案写作的哪些特点？

2.该文案符合会展文案写作的哪些要求？

3.该文案分别属于哪种会展文案类型？其写作对于会展活动的开展具有哪些作用？

第 二 章

会展策划计划文案

【本章导读】

　　会展策划、计划是指充分利用现有信息和资源，判断事物变化发展的趋势，全面构思、设计，选择合理、有效的方案，使之达到预期目标的活动。策划是一个综合性的系统工程，目标是起点，信息是基础，创意是核心。会展策划就是会展企业根据收集和掌握的信息，对会展项目的立项、方案实施、品牌树立和推广、会展相关活动的开展、会展营销及会展管理进行总体部署和具有前瞻性规划的活动。会展策划对会展活动的全过程进行全方位的设计并找出最佳解决方案，以实现企业开展会展活动的目标。

　　凡事预则立，不预则废。做好计划是举办会展的前提条件，而一个好的计划离不开调研和分析。本章从市场调研、立项策划案、可行性报告、会展计划、会展申办报告几个方面介绍会展策划阶段的文案写作。

【学习目标】

　　1. 掌握会展市场调研报告的使用情况、内容结构及写作要求；

　　2. 掌握会展立项策划案的使用情况、内容结构及写作要求；

　　3. 掌握会展项目立项可行性研究报告的使用情况、内容结构及写作要求；

　　4. 掌握会展计划内容结构及写作要求；

　　5. 熟悉会展申办报告使用情况、内容结构。

【导入案例】

北京冬奥申委公布申办报告全文共 14 个主题

2015 年 1 月，从北京冬奥申委的官方网站获悉，不久前北京冬奥申委向国际奥委会提交的《北京 2022 年冬季奥林匹克运动会和残奥会申办报告》全文于 1 月 12 日正式上线，包括英文版和法文版。

据悉，该申办报告共 3 卷 14 个主题，涉及北京联合张家口申办 2022 年冬奥会的理念、愿景、场馆赛事组织、安保、媒体运行等内容，选配图片 120 余张，地图、示意图、规划效果图 40 余张，回答了国际奥委会提出的诸多问题。在需单独报送的附件中，还有保证书 154 份，地图 30 余张，以及电子版地图、表格等。该申办报告集中体现了北京申办 2022 年冬奥会的三大理念、筹办和举办必备的愿望、条件和能力等内容，是北京申办冬奥会最重要的官方文件。

根据国际奥委会的要求，北京冬奥申委还需要向每一个国际奥委会成员、荣誉成员、相关的国际单项体育组织邮寄该申办报告副本。

据悉，该申办报告公布后，北京冬奥申委将陆续进行解读。

（资料来源：中国新闻网）

会展策划、计划阶段的文案是指一次会展从市场调查、收集信息、确定展览题材、进行可行性分析、直到展览项目立项策划所涉及的文本文案。一般来说，会展计划、组织阶段的文案包括会展市场调查报告、会展立项策划书、会展项目立项可行性研究报告、会展计划书等。

第一节　市场调研报告

展览会是一个十分庞杂的系统，业内曾经有专家统计，一次展览会由大大小小的 3600 多项事件构成。从策划的角度来讲，展览会策划的核心内容是展览项目立项（主题选定、展会定位）和项目可行性分析，而市场调研是成功策划展览的第一步工作。

为了搞好展会，展会的组办方需要一些基本的调研。主要包括以下内容：

（1）了解选择什么项目作为一个城市发展会展业的基点的项目调研；

（2）关于一次展会项目的主题的调研；

（3）关于各大会展场馆条件以及服务水平的调研；

（4）关于参观人数的调查预测；

（5）关于同类展会竞争者的调研；

（6）关于会展评估等方面的调研。

会展调研的一般方法是定性研究与定量研究相结合，具体方法有观察法、询问法（包括问卷访问法、小组焦点访谈法、深度访谈法）、试验法以及二手资料分析法等。

一、市场调研的内容

会展活动往往涉及主办方、参办方、承办方、场地、观众等因素，又包括计划、组织，运作、实施，总结、反馈等多个阶段，所以要考虑的因素不少，头绪比较多。因此，在举办会展之前，写作者需要进行切实可靠的市场调研，撰写市场调查报告，以便为会展活动的有序开展奠定基础，也为会展项目立项和进行可行性分析做好前期准备。所以说，市场调研是办好会展的第一步。

通常来讲，会展的组织方进行的市场调研主要包括以下几方面内容：

1.关于城市发展会展业选择什么项目作为起点的调研

此类调研必须全面了解本地、本区域的经济结构、产业结构、地理位置、交通状况、展馆条件等因素，优先考虑本区域的优势产业、主导产业、重点发展的行业、政府扶植的行业，具体分析行业市场状况，摸清行业归属；分析办展资源，如资金、人力、物力、信息（目标客户的信息、合作单位的信息、行业产业信息）和其他社会资源（政府主管部门、全国及海外合作伙伴、招展组团的代理机构、专业传媒和大众传媒等）。

2.确定某会展项目以什么为主题的调研

展览会的名称、基本理念和具有延续性并相互独立的主题都应在相关调研的基础之上予以确立。主题调研不仅应广泛研究已有会展的主题性质与分类，同时也可以通过民意调研的手段广泛了解和听取群众意见。

3.对参加会展的人数的调查预测

参观人数的预测直接影响场馆选择、门票定价、办展时间、预算等一系列重大决策。即便是举办多年的固定会展，人数的预测仍非易事，诸多不确定因素都有可能导致预测的失误，如天气条件、突发事件、同类会展的竞争等。因此，参观人数并不能简单地根据往届实际参观人数进行预测，而是应该在会展筹备之前通过科学的定量调研予以预测。

4.关于同类会展竞争者的调研

同类会展竞争者不断涌现，就国内案例而言，最著名的一对竞争对手就是北京国际汽车展和上海国际汽车展。在从属相同的行业、相同的主题的情况下，要想成功举办会展，就必须对竞争对手的会展规模、具体参展商、会展时间、效果、满意度等进行详尽的调查研究。不仅要知己知彼，更要取长补短、避免恶性竞争。

5.为参展方提供会展选择与决策依据的调研

对于参展方而言，会展是有效实施营销计划的媒介平台之一。参展方必须在选择会展时遵守"恰当"原则，即恰当的地点、恰当的时间、恰当的价格、恰当的主题以及恰

当的形式，参展方必然会选择能够在各方面实施有效控制的会展。

近年来，会展数量与日俱增，同一主题的会展遍地开花、良莠不齐，商业会展更是如此。参展方常常难以选择。开展此类调研将是国内会展咨询业发展的有利契机，采用媒介监测的手段，对各种会展进行分类监控，最终向使用者提供有参考价值的调研数据。

6. 关于会展结束后的反馈评价等方面的调研

会展评估是对展览环境、工作效果等方面进行系统、深入的考核和评价，是会展整体运作管理中的一个重要环节。科学有效的会展评估应当以数据库为基础，通过建立数学模型实现客观公正的评估。而在实际工作中，会展评估多流于形式，其真正的意义与作用并没得到各会展主办方以及会展行业主管部门的重视。一方面是由于对会展评估的认识不够，另一方面也是因为缺乏专业的机构和人员。因此，会展评估应根据相关的会展调研来深刻地分析、评价当前的会展市场环境和走向，为今后会展项目的市场开发、运营管理提出相应的建议。

通过调研，一是达成组织的目标。例如由地方政府管辖的一家会展运营公司，它在调研过程中的主要目标就是协助政府实现其总体目标。如果地方政府希望促进整个社区的一体化，那么举办一场"自由街区"的活动不失为一个团结整个社区的好方法。二是满足顾客（观众）需求。顾客（观众）是会展活动的参与者。如果没有顾客（观众），会展业将不复存在。三是实现资源的有效利用。如果会展不能够维持它提供的服务水平，它将很快破产。以上三项目标在一次会展活动中必须同时达成。

二、市场调研的方法

市场调研一般采用定性研究与定量研究相结合的方法，通过观察、询问（问卷调查、焦点访谈、深度访谈等）、实验和二手资料分析等方法，总结目标市场的行业状态和运作规律。

1. 观察法

大致分为以下两种：

（1）非参与观察法

指从旁进行观察，而不参与其活动。调查员可以分布在会展的不同位置，根据之前统一的要求进行现场观察，并在印刷好的记录单上予以记录。记录单可以使用按秩序圈选的封闭式量表，也可以使用记录具体情况的开放式表格。调查员的观察不应打扰参会者的行为，最好能够避免引起参会者的注意。另外，也可以安装一些被允许的装置进行机器观察，如流量计数器、条形码识别仪、录像机、现场检测仪等。

（2）参与观察法

指和受访者直接相处并与其一起活动，从中更深入地了解被访者。参与观察法仍是以观察为主，调查员可以作为其中的一分子参与活动、参加专业研讨等，有针对性有目的地进行观察。当然，这种研究对调查员的能力要求较高。

2.询问法

（1）问卷访问法

这种方法最为通用，包括个别访问法、集体访问法、电话访问法、邮送法、网络访问法等。问卷访问的每一种形式都依赖于问卷的使用。问卷是为了达到调研项目目的和收集必要数据而设计好的一系列问题，它是收集来自被访者的信息的常用手段。问卷法是最基本的调研手法，在此简单介绍一下网上问卷调研。

（2）小组焦点访谈

会展过程中，来自四面八方的经销商、消费者汇聚会展，使得平时几乎无法实现的小组焦点访谈成为可能。小组焦点访谈可以使参与者对主题进行充分和详尽的讨论，通过这种方法，参展商可以对定价、销售手段、产品性能等需要了解的主题进行深入研究。会展主办方也可以通过小组焦点访谈对参展商的需求以及满意度进行调研。

（3）深度访谈法

深度访谈适用于两类人群。一类是参会的重要官员、学者和企业高层管理者。这类人群在日常的深度访谈操作中皆是难于接洽的对象，但是在会展过程中往往相对集中，同时由于大部分会展都有明晰的主题或单一的行业性质，因此访谈的实际操作也容易深入，有效性较高。另一类是参观者。不论是企业自己组织的现场介绍，还是委托专业公司进行的会场演示，这都是极好的直接面对参观者的机会。商业会展参观者中有代理商、经销商以及消费者；文化会展参观者大都是专业人士或爱好者。通过相对无限制的一对一会谈，可以实现多种调研目的。受访者与面谈者很容易在会展这样一个特定环境中达成相互间的融洽关系，同时，与主题无关的信息也将比一般情况少。

3.实验法

以实验为基础的调研与以询问为基础的调研相比有着根本的区别，前者对调研环境、技术、人员素质的要求都非同一般。因此，在会展过程中要想实现真正意义上的实验调研是很困难的。但是，实验法中有许多值得在会展调研中积极采用的思路和手段。比如在会展中设置实验区域，请消费者现场实验产品功效，一方面可以起到宣传促销的作用，另一方面也可以为参与观察的调查员提供条件进行观察记录。

4.二手资料分析

在会展上可以收集到大量的二手资料。这些二手资料不仅有助于明确或重新明确探索性研究中的研究主题，而且可以切实提供一些解决问题的方法。政府或企业所面临的问题，以及下达给会展调研者的问题很大程度上并不是前所未有的问题，很有可能是曾经有过类似的研究，甚至已经收集了所需的精确资料，只不过不是针对当前的问题而已。所以，做好这方面的资料的搜集可以说是事半而功倍。

三、市场调研的步骤

一系列调查事项和阶段的组合构成了市场调研，它包括调查方案的设计、调查资料的收集、调查数据的整理和分析、调查报告的撰写等步骤。

撰写会展市场调研文案，第一步是明确调查目标。包括为什么要进行此项调查、通过调查想了解哪些问题、调查结果的用途是什么。在明确了调查目标以后，还需要阐明调查的内容，即确定调查问题的项目，并根据该项目设计调查问卷或调查表。同时还需明确在何处调查、找何人调查、用何种方式调查。在将调查问卷或调查表等调查资料收集齐全之后，写作者还需对这些资料进行进一步的整理和分析，最后完成调查报告的撰写。

四、会展调查表

会展调查表是会展调查的重要工具之一。它是运用问卷的方式收集与会者、参展商和观众的基本信息以及参加会展活动的意向、意见、要求的文书。通过浏览会展调查表，主办方可以掌握与会者、参展商和观众的基本信息，及时了解他们对会展活动的组织、管理、服务工作的意见和建议，为开展会展调研、进行会展评估和总结会展经验教训做好材料准备。

在设计会展调查表时，一定要体现真实性，即必须能够真实地反映会展活动在组织落实、宣传营销以及现场服务等方面的情况，为开展会展评估、总结提供可靠的信息。会展调查表的设计还要体现简便性，即调查表中的项目和问题要简洁、直观，以便让被调查者只需花很短的时间就能完成填写，这样才能积极支持调查工作。

1. 会展调查表的种类

（1）按调查的时间分

展前调查表。这类调查表主要是收集与会者、参展者和观众参会、参展、观展的意向及要求，以及单位和个人的基本信息，为做好会展前的市场分析和会展接待工作提供信息支持。

现场调查表。这类调查表主要是收集与会者、参展者和观众的基本信息，他们参会、参展、观展的现实感受，以及对会展管理和服务工作的意见、建议，为进行会展后的评估和总结提供信息支持。这类调查表可以和现场报到注册表一起印制，或作为现场报到注册表的一部分，也可以分别制作与会代表意见反馈表、参展商调查问卷、观众调查问卷等。

展后调查表。由于会展的成果更多在会展之后体现，因此针对会展后续效果的调查就显得十分必要。

（2）按调查的对象分

与会者调查表。这类调查表主要是收集会议代表对会议组织工作的意见和建议，可在报到注册时发放，也可在会议结束前发给每位代表，但在代表离会前一定要收回。

参展商调查表。这类调查表的发放对象包含全体参展商。调查结果对开展会展评估有很大价值，参展商对举办方的工作评价和对贸易收获的统计是进行展览评估的重要依据。

观众调查表。这类调查表可以根据参观者的身份和角度来设计调查项目，从中可以了解观众对本次会展活动的直观认识、看法及意见。由于观众较多，不可能实施普遍调查，因此这类调查表主要针对专业观众。在无法区分专业观众和普通观众时，可采取非概率抽样调查的方法向观众发放调查表，但必须保证较高的发放比例，以提高调查的准确度。

2. 会展调查表的格式

（1）标题

标题一般要写明会展名称、调查主题或对象、文种（调查表或调查问卷）。

（2）调查说明

调查说明又称前言，主要说明调查的目的、意义、用途、范围、指标解释、填写须知，同时还要感谢调查对象的合作。如涉及需为被调查者保密的内容，必须指明予以保密、不对外提供，以消除被调查者的顾虑。调查说明有时也以信函的形式出现。格式上有称呼，也有落款。落款写明调查的组织机构名称和日期。内容简单的调查表也可省去这部分内容。

（3）正文

正文部分的内容包括被调查者基本情况和调查表主体两部分。被调查者基本情况部分主要是了解被调查者的一些特征，如参展企业的名称、地址、规模、所在国民经济行业、职工人数等，个人的姓名（有时不要求写姓名，以打消被调查者的顾虑）、性别、年龄、职位等。主体部分是调查表的核心部分，将直接影响会展调查的质量。调查项目的多少，应根据调查目的、调查对象和调查要求而定，并非多多益善。

调查表正文部分有登记表和问卷两种形式。登记表用于给调查对象照实填写，如"举办单位、展出面积、观众人数"等项目就可以用登记表的形式进行调查。问卷的形式是把需要调查的项目以问题的方式要求调查对象回答，具体可分为开放式、封闭式、半开放式三种问题形式。开放式问题不提供任何具体的答案选项，由被调查人自由回答问题。其优点在于可以使调查得到比较符合被调查者实际的答案，缺点是有时意见比较分散，处理数据的难度较大。封闭式问题的答案选项由调查者事先确定，供被调查者从中选择。其优点是便于数据处理，缺点是答案的选项可能包括不全。因此，设计封闭式调查问题时，必须力求把答案给全。半开放式是指给出部分答案（通常是主要的），而将未给出的答案或用"其他"一栏表示，或留以空格，由被调查者自行填写。在一份调查表中，登记表和问卷两种形式可以同时使用。

3. 调查表的编制要求

编制会展调查表需要符合以下要求：

（1）调查表中所列的问题要和调查目的相吻合；

（2）问题的排列要由一般到特殊，并具有逻辑性；

（3）填写指导语或填写说明要清楚，指示符号要明确，没有歧义；

（4）问卷的编排格式要合理，翻页要顺手。

【范例】

展览会观众调查表

此问卷调查有助于展览的组织者办好该项展览，因此您的参与非常重要。希望您对会展的组织和服务工作多提意见和建议。填表时，请在适合的方框中打"√"，谢谢您的支持与配合。

1. 参观者姓名：

2. 从事职业：

3. 个人与展出者以前有无接触

□有　　　□无

4. 参观目的（可多项选择）

□贸易　　　□投资　　　□合作　　　□收集信息　　　□自荐代理　　　□其他

5. 参观兴趣（可多项选择）

□全部产品　□零配件　□工业产品　□新产品　□家用产品　□特定产品

6. 参观感想

价格：□高　　　　□适合

质量：□高　　　　□一般

设计：□好　　　　□一般

市场需求：□有　　　□无

建议：

7. 从何处了解到展览信息（可多项选择）

广告：□媒体 A　　　□媒体 B

新闻：□媒体 A　　　□媒体 B

内部刊物：□媒体 A　　　□媒体 B

直接发函：□

其他：□

8. 对展览的体会

时间：□合适　　□不合适　　　□建议：

地点：□合适　　□不合适　　　□建议：

宣传：□适当　　　□不适当　　　□建议：

设计：□适当　　　□不适当　　　□建议：

展台人员：□表现好　　　□表现不好　　　□建议

其他意见、建议：

五、会展调研报告的写法

会展调研报告是对会展事件、情况、经验和问题等方面深入调查研究之后而形成的书面报告。报告撰写要以科学的态度、翔实的数据、系统的分析得出正确的结论。会展调研报告运用广泛，会展行政管理机关、会展行业协会、会展企业、会展组织者、参展单位以及新闻媒体都可以使用这一文体。在名称上，调查报告可以根据具体情况称为"情况调查""考察报告""调查""调查与建议""调查分析"等。

1. 会展调研报告的特点

（1）讲事实。调研报告的基石就是事实，调研报告必须用事实来说话。所用的材料必须反映客观存在，真实可靠，不得弄虚作假。使用的文字也是以"实"为主，切忌用花哨的语言文字。

（2）讲实际。忠于现实是调研报告的精髓，源于现实、立足现实、为现实服务是调研报告的基本精神。

（3）靠数据。这是调研报告写作的重要原则。用数据说话，数据的出处要有依据，要经得起推敲，要有说服力，这样的调研报告才有分量。

2. 会展调研报告的种类

（1）按调研报告的性质来分

总结性（也称"经验性"）会展调研报告。这类调研报告以总结会展项目在实施过程中的经验为主要目的。

问题性会展调研报告。这类调研报告以反映问题为主，提醒主办单位、合作伙伴以及有关部门重视问题，做好防范。

情况性会展调研报告。这类调研报告主要针对会展经营过程中出现的各种新情况展开分析，找出规律，预测发展趋势。

建议性会展调研报告。这类调研报告的目的在于通过调查掌握情况，找出问题，分析原因，向有关部门提出解决问题的意见和建议。

（2）按调查的范围分

综合性会展调研报告。这类调研报告可以是对一个企业、一个地区、一个省（区市）乃至于一个国家的会展业的发展状况进行全面考察而形成的书面报告，如《××市会展业发展情况的调查》。

专题性会展调研报告。这类调研报告可以是对一个企业、一个地区、一个省（区

市）乃至于一个国家会展业发展状况的某个方面和环节进行专门的调查而形成的书面报告，如《经济布局调整对××市会展业发展影响的调查报告》。

3. 会展调研报告的结构和写法

（1）标题

会展调研报告的标题应当直截了当。通常有以下几种表达方法：

公文式标题，由范围、主题和文种构成，如"杭州会展人才状况调查"。

新闻式标题，一般由正标题加副标题组成，具有形式活泼、吸引力强的特点，如"千人交响艺术盛典——迎世博文艺展演"。

论文式标题，以探索、研究和思考为主的调研报告。可以用论文式的标题，如"关于××市会展业发展对人才培养的调查与思考"。

（2）署名

会展调研报告的署名有两种形式：

署单位名称或课题组的名称；

署作者个人名字，署名后还可以在结尾处注明作者所在的单位和职务。

（3）目录

如果调查报告的内容较多，为了方便读者阅读，应当使用目录索引形式列出报告的主要章节和附录，并注明标题、有关章节编码及页码。一般来说。目录的篇幅不宜超过一页。

（4）正文

①开头。开头又称前言、序言或总述等。一般有以下几种形式：

综述型。以综述的形式出现，总体交代报告所要描述的内容，帮助读者了解整个调查的概况。

提示型。以提示形式出现，让读者了解报告反映的主题，然后可以沿着问题的主线深入地读下去。

议论型。报告一开头先对调研的必要性和重要性作一番简短的议论，然后交代调研的具体对象、时间和地点等。

提问型。开篇提问，引起注意。这类开头的关键是提的问题是大家所关心的问题，要能吸引人、抓住人的好奇心。

②主体。主体是调研报告的核心部分，从开头部分转述到正文，详细介绍调研的情况和事实，以及所做的分析和得出的结论。主体部分的写作方式主要有以下几种：

串联式。按事件或问题的发生、发展的时间顺序串联材料，把事件和问题的来龙去脉一一交代清楚。这样的结构一般用于专题性的调研报告。

并列式。其特点是按事件或问题的性质，将主体分成并列的几个部分，每一部分说明事件或问题的一个方面。这样的结构一般用于综合性的调研报告。

递进式。其特点是按时间和问题发生、发展的顺序来安排材料，一层一层地揭示事物的内在规律，以递进的方式逐一分析，并提出解决问题的意见和建议。这样的结构层层递进、逻辑严密、主题突出，具有较强的说服力。

③结尾。会展调研报告的结尾有多种写法，主要包括：

结论式。即用一段文字总括前文，得出结论。

点题式。即在结尾时强调意义，深化主题。

建议式。即以调研的结果为主线，指出不足之处和存在的问题，并提出改进的意见和建议。

正文部分的结构层次一般采用序号加小标题的形式。每个小标题要能够概括表达这一层次的中心内容，并与总标题相呼应。

（5）日期

简报转载或公开发表的调研报告一般不用写日期，但如果单独提交则应当写明定稿或提交的日期。日期可写在正文右下方，也可置于署名之下。设有封面的，应写在封面上。

第二节　会展项目立项计划书

一、展览项目的立项工作

展览项目的立项工作是会展项目立项策划书写作的基础，这一过程的核心工作主要包括以下三个方面：

第一，行业会展分析。行业会展分析包括两层含义，首先，对会展举办地某产业的发展现状和发展趋势进行分析，目的是判断新开发的展览会是否有发展潜力，或者是能否为现有展览会调整发展策略提供依据。其中，对产业结构进行深入分析，本身就有助于展览策划人员把握展览会的总体框架，如参展商的类型划分、展出布局、专业观众的来源等。其次，同类展览会的竞争力分析，包括对竞争对手的潜在参展商、目标专业观众和会展规模等的分析，以期明确展览会的定位。

第二，展览项目构思。这里的项目构思主要是解决展览会的选题和定位问题。针对市场策划优秀的选题，并将策划创意转化为精心组织与施工，真正为参展商和专业观众搭建理想的交流、交易平台，展览会才能取得预期的成功。

第三，会展立项策划。会展立项策划就是根据掌握的各种信息，对即将举办的展览会的有关事宜进行初步规划，设计出展览会的基本框架，提出计划举办的展览会的初步规划内容。

会展立项一般要遵循八项原则：保护名牌会展、扶持专业会展、鼓励境外来展、优先全国会展、促进新型项目、扩大展场销售、遵循办展能力、参照申办顺序。

立项策划的内容主要包括：会展名称和地点、办展机构、展品范围、办展时间、会展规模、会展定位、招展计划、宣传推广和招商计划、会展进度计划、现场管理计划、相关活动计划等，并制作"会展立项策划书"。

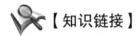【知识链接】

项目立项是行业分析和项目构思的结果。换句话说，展览组织者策划一届展览会，首先要明确举办一个什么性质、什么主题的展览会，然后便可以做一个初步的构想，包括展出的内容、时间和场地、展台售价、合作伙伴以及目标客户等，分析其与自身的能力和办展目标是否相吻合。如果主办方经过评估认为值得办展，则需要通过可行性分析对展览会进行更具体的审核。值得特别指出的是，展览项目立项必须谨小慎微、考虑周全。例如，展览会举办的时间选定，原则上要避开国内外同类展览会特别是品牌展会的举办时间，以免发生冲突，一般而言举办时间至少要相隔三个月以上。再如，在支持单位和合作单位的选择上也应该慎重，前者往往是某个行业的政府主管部门、权威协会或具有广泛影响力的行业媒体等，后者包括当地行业协会、主办单位的分支机构、行业权威机构甚至是海外的代理机构（国际展）等，选择合适的支持单位和合作单位可以增强展览会的影响力和权威性，并最大限度地挖掘新客户，同时还能降低招展成本。"会展立项策划书"是为策划举办一个新会展而提出的一套办展规划、策略和方法，它是对以上各项内容的归纳和总结。

二、会展立项策划书的内容结构

一般地，会展立项策划书主要包括以下内容：

（1）办展市场环境分析。包括对会展展览题材所在产业和市场的情况分析，对国家有关法律、政策的分析，对相关会展的情况的分析，对会展举办地市场的分析等。

（2）提出会展的基本框架。包括会展的名称和举办地点、办展机构的组成、展品范围、办展时间、办展频率、会展规模和会展定位等。

（3）会展价格及初步预算方案。

（4）会展工作人员分工计划。

（5）会展招展计划。

（6）会展招商计划。

（7）会展宣传推广计划。

（8）会展筹备进度计划。

（9）会展服务商安排计划。

（10）会展开幕和现场管理计划。

（11）会展期间举办的相关活动计划。

（12）会展结算计划。

三、会展立项策划书的写作要求

1. 会展名称

展览会的名称一般包括三个方面的内容：基本部分、限定部分和行业标识。如"第十届中国出口商品交易会"，如果按上述三项内容对号入座，则基本部分是"交易会"，限定部分是"中国"和"第十届"，行业标识是"出口商品"。

下面分别对这三项内容作一些说明：

基本部分：用来表明展览会的性质和特征，常用词有：展览会、博览会、展销会、交易会和"节"等。

限定部分：用来说明会展举办的时间、地点和会展的性质。

会展举办时间的表示办法有三种：一是用"届"来表示，二是用"年"来表示，三是用"季"来表示。在这三种表达方式中，用"届"来表示最常见，它强调会展举办的连续性。那些刚举办的会展一般用"年"来表示。

会展举办的地点在会展的名称里也要有所体现。会展名称里体现会展性质的词主要有"国际""世界""全国""地区"等。如第三届大连国际服装节中的"国际"表明本会展是一个国际展。

行业标识：用来表明展览题材和展品范围。如第三届大连国际服装节中的"服装"表明本会展是服装产业的会展。行业标识通常是一个产业的名称，或者是一个产业中的某一个产品大类。

2. 会展地点

策划选择会展的举办地点，包括两个方面的内容：一是会展在什么地方举办，二是会展在哪个展馆举办。

具体选择在哪个展馆举办会展，要结合会展的展览题材和会展定位而定。另外，在具体选择展馆时，还要综合考虑使用该展馆的成本的大小，展期安排是否符合自己的要求以及展馆本身的设施和服务等因素。

3. 办展机构

办展机构是指负责会展的组织、策划、招展和招商等事宜的有关单位。办展机构可以是企业、行业协会、政府部门和新闻媒体等。

根据各单位在举办展览会中的不同作用，一场展览会的办展机构一般有以下几种：主办单位、承办单位、协办单位、支持单位等。

主办单位：拥有会展并对会展承担主要法律责任的办展单位。主办单位在法律上拥有会展的所有权。

承办单位：直接负责会展的策划、组织、操作与管理，并对会展承担主要财务责任

的办展单位。

4. 办展时间

办展时间是指会展计划在什么时候举办。办展时间有三个方面的含义：一是指办展的具体开展日期；二是指会展的筹展和撤展日期；三是指会展对观众开放的日期。

展览时间的长短没有统一的标准，要视不同的会展具体而定。国际展（尤其是出国展）的时间选择，一般选择全年的办展旺季即 3~6 月和 9~10 月。初次赴海外或在国内举办国际展，办展时间确认必须提前一年或一年以上，以便确定办展地点和展览预算。有些会展的展览时间可以很长，如"世博会"的展期长达几个月甚至半年；但对于占会展绝大多数的专业贸易展来说，展期一般是 3~5 天为宜，综合性的会展一般时间略长一些。

在办展的时间安排方面，需要确定一些重要的日期和时间段。一般展会需尽早确定的重要日期和时间段有：

（1）开幕日和闭幕日。

（2）展会期间的主要活动时间安排。

（3）参展报名截止期。

（4）组团报名截止期。

（5）代办签证截止期。

（6）展位搭建进场日。

（7）撤展期限。

然后再根据已定的重要日期来排列工作顺序，设计工作计划时间表。

5. 展品范围

会展的展品范围要根据会展的定位、办展机构的优劣势和其他多种因素来确定。

根据会展的定位，展品范围可以包括一个或者几个产业，或者是一个产业中的一个或几个产品大类，例如，"博览会"和"交易会"的展品范围就很广，再如"广交会"的展品范围就超过 10 万种，几乎是无所不包；而德国"法兰克福国际汽车展览会"的展品范围涉及的产业就很少，只有汽车产业一个。

6. 办展频率

办展频率是指会展是一年举办几次还是几年举办一次，或者是不定期举行。从目前展览业的实际情况看，一年举办一次的会展最多，约占全部会展数量的80%，一年举办两次和两年举办一次的会展也不少，不定期举办的会展已经是越来越少了。办展频率的确定受展览题材所在产业的特征制约。众所周知的是，几乎每个产业的产品都有一个生命周期，产品的生命周期对会展的办展频率有重大影响。

产品的投入期和成长期是企业参展的黄金时期，会展的办展频率要牢牢抓住这两个时期。

7. 会展规模

会展规模包括三个方面的含义：一是会展的展览面积是多少；二是参展单位的数量是多少；三是参观会展的观众大约有多少。在策划举办一个会展时，对这三个方面都要做出预测和规划。

在规划会展规模时，要充分考虑产业的特征。会展的规模还会受到与会观众数量和质量的限制。

8. 会展定位

会展定位是通过细分会展市场，确定目标参展商和观众，并使他们明确会展的内容。会展定位要能尽量反映展览题材所在产业的发展趋势，抓住该产业的热点，体现该产业的亮点和市场的特点，即所谓的要"抓住产业跳动的脉搏"。或者，会展定位要能切实满足该产业某一细分市场的需求。

通俗地讲，会展定位就是要清晰地告诉参展企业和观众本会展"是什么"和"有什么"，具体地说，会展定位就是办展机构根据自身的资源条件和市场竞争状况，通过建立和发展会展的差异化竞争优势，使自己举办的会展在参展企业和观众心目中形成一个鲜明而独特的印象的过程。

会展定位要明确会展的目标参展商和观众、办展目标、会展的主题等。

从市场营销学的角度来讲，所谓定位，就是产品或服务在消费者心目中的地位。对于展览会而言，定位是指某一展览会的发展目标及其在同类型展览会中的竞争地位，即展览组织者希望把展览会办成什么样子。这种定位既能形成展览会的特色，同时也决定了参展商与专业观众的层次和结构。例如，中国住宅交易会（CIHAF）的办展定位就是打造房地产业最完整的产业链。

9. 会展价格和会展初步预算

要求策划人员运用合理的定价策略，确定展位价格和参会费用，力求达到展会经济效益最大化。对于各种收支费用尽可能细化，便于掌控。

会展价格就是为会展的展位出租制定一个合适的价格。会展展位的价格往往包括室内展场的价格和室外展场的价格，室内展场的价格又分为空地价格和标准展位的价格。

在制定会展的价格时，一般遵循"优地优价"的原则，即那些便于展示和观众流量大的展位的价格往往要高一些。

会展初步预算是对举办会展所需要的各种费用和举办会展预期获得的收入进行的初步预算。

在策划举办会展时，要根据市场情况给会展确定一个合适的价格，这对吸引目标参展商参加会展来说十分重要。

10. 人员分工、招展招商和宣传推广计划

人员分工计划、招展计划、招商计划和宣传推广计划是会展的具体实施计划，这四项计划在具体实施过程中会互相影响。

人员分工计划是对会展工作人员的工作进行统筹安排。

招展计划主要是为招揽企业参展而制定的各种策略、措施和办法。

招商计划主要是为招揽观众参观会展而制定的各种策略、措施和办法。

宣传推广计划则是为建立会展品牌和树立会展形象，并同时为会展的招展和招商服务的。

11. 会展进度计划、现场管理计划和相关活动计划

会展进度计划是在时间上对会展的招展、招商、宣传推广和展位划分等工作进行的统筹安排。它明确在会展的筹办过程中，到什么阶段就应该完成哪些工作，直到会展成功举办。会展进度计划安排得好，会展筹备的各项准备工作就能有条不紊地进行。

现场管理计划是会展开幕后对会展现场进行有效管理的各种计划安排，它一般包括会展开幕计划、会展展场管理计划、观众登记计划和撤展计划等。现场管理计划安排得好，会展现场将井然有序，会展秩序良好。

会展相关活动计划是对准备在会展期间同期举办的各种相关活动做出的计划安排。与会展同期举办的相关活动最常见的有技术交流会、研讨会和各种表演等，它们是会展的有益补充。

【知识链接】

大多数会展组织的资金都是有限制的。会展组织的资金来源有所有者出资、利润（资产净值或股东的资金）、赞助商和贷款。除非所有者得到了合理的投资回报，否则他们就会产生疑问。

所有者、投资商、股票市场、赞助商和银行家都会以利润为准绳来评判会展活动的成功与否。如果会展组织是政府部门的一部分，或是由政府或公众投资的，投资回报就将以资金的使用价值来判断。一个永恒的问题是"我们可以通过其他方式做得更好吗？"。

财务能力的强弱是影响企业经营策略的一个重要因素，我们要让财物投入产业盈利或者产生可观的使用价值。无论如何，缺少资金将比其他所有因素都更重要地影响企业的经营策略。

制定预算时的首要任务就是计算会展运营的期望成本。通过确定会展运营所涉及的成本，会展专家可以设计必要的收入和可能的收入来源。

会展主办者就是负责尽可能有效地利用资源来实现目标的那个人。该目标的中心就是创造利润，因为没有利润，一个企业就不可能生存。在非营利组织和慈善组织中，该目标是盈亏平衡或募集新的资金。因此，银根紧缩的财务系统是很必要的。这不光是为了生存，组织还要使投资人（所有者、股东和财政家）满意，使他们感到投资安全并得到满意的回报。如果一个组织是一个非营利机构（例如政府投资的），其中心目标就是

让投资人看到他们的资金得到适当的应用。对所有不同的股东而言，从财务角度来评价会展活动是否成功都是非常重要的事。

许多新的企业只有非常短的生命周期（超过70%的小企业在创业的5年内都失败了），每个月也都有关于大中型企业陷入财务困境的报道。不管你喜欢不喜欢它，任何组织的持续性成功都依赖于财务的稳健。通常会展主办者把会计看成是缺乏想象力的没有灵魂的人，他们只关心短期资产回报。然而，财务能力的强弱是影响企业经营策略的一个重要因素，我们要让财物投入产业盈利或者产生可观的使用价值。无论如何，缺少资金将比其他所有因素都更重要地影响企业的经营策略。

第三节　会展项目立项可行性研究报告

一、会展项目立项可行性研究报告的概念

会展项目立项可行性分析是项目管理的关键步骤，具体包括市场分析、最优方案选定、财务预算等，内容比较庞杂。然而，在商业性展览活动中，所有的策划行为都离不开市场，因此对于展览会策划而言，会展项目立项可行性分析的主要内容是分析某一展览会市场的结构和前景，并选定最优的项目运作方案。

同样，完成了"会展立项策划书"，并不意味着该会展就可以举办了。项目立项只是对举办什么题材的会展和如何举办该会展提出了一个初步的意见，制订一套初步的方案，至于该会展是否真地可以举办和该方案是否真地可行，还需要对该会展项目及方案进行可行性分析。可行性分析的结论及其他必须考虑的因素，才是决定最后是否可以举办该会展的最终依据。

对会展项目及方案进行可行性分析，是会展项目立项策划的继续。会展立项可行性分析通过一套行之有效的办法，对会展立项策划提出的会展举办方案进行全面系统的研究、分析、比较和选择，来判断方案是"可行的"还是"不可行的"。如果会展立项策划通过可行性分析，证明计划举办会展的市场条件具备，项目具有生命力，各种执行方案策划合理，项目在经济上可行，风险较小且有一定的社会效益，就可以通过该会展立项策划，决策举办该会展了。

会展项目立项可行性研究报告就是在对会展立项进行可行性分析的基础上完成的研究报告，是会展项目立项策划的继续。会展项目立项策划主要是在掌握各种信息的基础上，初步提出计划举办的会展"是什么样的"。会展立项可行性分析则是在仔细研究各种信息的基础上，深入分析举办会展立项策划提出的"那样的会展"是否可行，为最后是否举办该会展提供科学的决策依据。

二、会展项目立项可行性研究报告的内容结构

会展项目立项可行性研究报告要对会展立项是"可行的"还是"不可行的"做出系统的评估和说明，并为最终完善该会展项目立项策划的各具体执行方案提供改进依据和建议。因此，会展项目立项可行性研究报告主要包括以下几项内容：

1. 市场环境分析

进行展览会目标市场分析的基础是理解某一展览会所在行业的产业结构。只有弄清楚某一产业的大市场、小市场的市场构成，展览策划人员才能根据现有同类展览会的定位，确定本展会的展品、参展企业以及潜在的专业观众。由此也可以看出，展览项目策划人员必须掌握产业经济学和市场学的相关理论与方法。市场环境分析的具体内容包括以下三方面：

（1）宏观市场环境：包括人口环境、经济环境、技术环境、政治法律环境和社会文化环境。在获得上述信息后，结合会展产业的实际特征，对举办会展所面对的宏观市场环境的各个方面做出准确的分析，寻找市场机会，发现威胁，为会展立项可行性研究的最终决策服务。

（2）微观市场环境：是指对办展机构举办会展构成直接影响的各种因素。这些因素包括办展机构内部环境、目标客户、竞争者、营销中介、服务商和社会公众等。目标客户：就是会展的潜在参展商和观众。竞争者：就是与本会展有竞争关系的其他同类会展。营销中介：是受办展机构委托的，或者是协助会展进行宣传推广和招展招商的那些中介组织和单位，包括会展的招展代理、招商代理以及广告代理。服务商：是受办展机构的委托，为会展提供各种服务的机构，包括会展指定的展品运输代理、负责展位的展位承建商、提供旅游服务的旅行社、提供住宿服务的宾馆酒店，以及提供会展资料印刷和观众登记的专门服务商等。社会公众：指对会展实现其目标具有实际或潜在影响的群体。一般有 6 种公众：媒体公众、政府公众、当地民众、市民行动公众、办展机构内部公众以及金融公众。办展机构内部环境：就是办展机构内部所具备的各种条件，包括资金、人力、物力以及所掌握的信息资源和能联系的社会资源等。

（3）市场环境评价：对市场环境的整体分析和综合评估是建立在已经掌握了大量的有关信息的基础上，根据掌握的信息对未来的环境变化趋势做出预测。对市场环境进行整体分析和综合评估最常用的方法是"SWOT 分析法"。

所谓 SWOT 分析法就是把办展机构所面临的宏观和微观市场环境各要素综合起来进行分析，得出市场环境对办展机构举办该会展所形成的优势（Strengths）、劣势（Weakness）、机会（Opportunities）和威胁（Threats），并将这四个方面结合起来研究，以寻找到适合办展机构举办本会展的可行战略和有效对策。

2. 会展项目生命力分析

（1）项目发展空间：一般地，要想了解分析会展项目是否有发展空间，就是要分析举办该会展所依托的产业空间、市场空间、地域空间和政策空间等是否具备。

（2）项目竞争力：从会展本身出发，分析本会展与同题材的其他会展相比是否具有竞争优势。会展的竞争优势来源于很多方面，但对于一个展览题材已定的会展来说，会展定位的号召力、办展机构的品牌影响力、参展商和观众的构成、会展价格和会展服务等因素，对会展的竞争优势具有决定性的影响。

（3）办展机构优势分析：每一个办展机构都有自己擅长的领域，也都有自己不熟悉的方面。在自己不熟悉的领域里从事经营活动，就好像是在黑夜里摸索前进。办展机构的优势，决定着他们在哪些产业里举办会展成功的可能性较大，决定着他们举办怎样性质的会展将会有较大的优势。

3. 会展执行方案分析

会展执行方案分析是从计划举办的会展项目的本身出发，分析该会展项目立项计划准备实施的各种执行方案是否完备，是否能保证该会展计划目标的实现。会展执行方案分析的对象是该会展和各种执行方案，分析的重点是各种执行方案是否合理、是否完备和是否可行。

（1）对计划举办的会展的基本框架进行评估：会展的基本框架就是会展的基本内容，包括会展的名称、举办会展的地点、办展机构、办展时间、展品范围、办展频率、会展规模和会展定位等有关会展的基本信息。评估构成如下：

A. 会展名称和会展的展品范围、会展定位之间是否有冲突。

B. 办展时间、办展频率是否符合展品范围所在产业的特征。

C. 会展的举办地点是否适合举办该展品范围所在产业的会展。

D. 在会展展品范围所在产业里能否举办如此规模和定位的会展。

E. 会展的办展机构在计划的办展时间内能否举办如此规模和定位的会展。

F. 办展机构对会展展品范围所在产业是否熟悉。

G. 会展定位与会展规模之间是否有冲突。要进行总体的分析，而不是个体的分析。要避免这种"个体合理、群体冲突"的现象出现。

（2）招展招商和宣传推广计划评估：包括招展计划、招商计划和宣传推广计划三个执行方案在实际实施时的互相影响。例如，招揽企业参加会展的过程，实际上部分起到了邀请观众到会展参观的作用，客观上也是在为会展在本行业内做宣传；邀请观众到会展参观的过程，实际上也部分地起到了招揽企业参加会展的作用，客观上也是为会展在本行业以及相关行业内做宣传；至于宣传推广方案，在实际实施时，不仅仅是在为会展做宣传，它同时也起到招揽企业参加会展和邀请观众到会展参观的作用。当然，这三个方案还要重点突出、目的明确。

（3）会展进度计划评估：该评估是对会展筹备以及展览期间的各项工作进行统筹安排的计划。它明确规划了各办展机构在什么时候应该干什么事情；到什么时候应该完成什么任务，达到什么目标。会展进度计划的主要目的，是要让各办展机构以及工作人

员明确会展各时期的工作和任务，让会展筹备以及展览期间的各项工作能有条不紊地进行，并能保质保量地完成。会展进度计划评估主要从以下几个方面着手：

A. 各项工作进程安排的合理性。

B. 各阶段工作目标的准确性。

C. 各项工作安排的配套性。

D. 各项工作安排的可行性。

E. 各阶段工作安排的统一性。

（4）现场管理和相关活动计划评估：该评估是对会展开幕现场和会展展览现场进行管理的计划安排。会展相关活动计划是对会展同期举办的各种研讨会、表演和比赛等进行的计划安排。这两项计划的具体执行时间都是在会展的展览期间，地点常常也在会展现场内，执行时会彼此影响。此项评估主要考察：

A. 现场管理计划的周密性。

B. 现场管理计划的可控性。

C. 相关活动的必要性。

D. 相关活动的可行性。

E. 现场管理和相关活动的协调性。

4. 会展项目财务分析

会展项目财务分析是从办展机构财务的角度出发，按照国家现行的财政、税收、经济与金融等规定，在筹备举办会展时确定的价格基础上，分析测算举办该会展的费用支出和收益，并以适当的形式组织和规划好举办会展所需要的资金。会展项目财务分析的主要目的，是分析计划举办的会展是否经济可行，并为即将举办的会展制定资金使用规划。

（1）会展项目财务分析的方法：它所需要的基础数据，如投入资金的多少、成本、收益和利润等，都是来源于前期的市场调查和基于这种调查而做出的预测。

（2）**价格定位：**办展机构的定价目标主要有以下五种：

A. 利润目标。

B. 市场份额目标。

C. 市场汲取目标。

D. 会展质量领先目标。

E. 生存目标。

办展机构最终选择哪种定价目标，主要受三个要素的影响：顾客、成本和竞争。

（3）**成本收入预测：**在分析了会展的价格是否合理以后，就要对举办会展的成本和收入进行进一步的考察，以便进一步地分析举办该会展是否经济可行。

举办一个会展的成本费用一般包括下列各项费用：

A. 展览场地费用：即租用展览场馆以及由此而产生的各种费用。这些费用包括：

展览场地租金、展馆空调费、展位特装费、标准展位搭建费、展馆地毯及铺设地毯的费用、展位搭装加班费等。

B. 会展宣传推广费：包括广告宣传费、会展资料设计和印刷费、资料邮寄费、新闻发布会的费用等。

C. 招展和招商的费用。

D. 相关活动的费用：包括技术交流会、研讨会、会展开幕式、嘉宾接待、酒会、会展现场布置、礼品、聘请会展临时工作人员的费用等。

E. 办公费用和人员费用。

F. 税收。

G. 其他不可预见的费用。

举办一个会展的收入一般包括：

A. 展位费收入。

B. 门票收入。

C. 广告和企业赞助收入。

D. 其他相关收入。

（4）盈亏平衡分析：在现实中，人们在对会展项目进行成本收入预测时，往往想知道的一个重要问题是本会展的展览规模要有多大才能保证会展不出现亏损。或者，如果本会展的展览规模已经确定，那么会展价格应该处于怎样的水平时会展才不会出现亏损。为此，我们必须对会展进行盈亏平衡分析。盈方平衡是指办展机构举办会展所得到的所有收入恰好能弥补其为举办该会展所支出的所有成本费用，也就是总收入正好等于总成本。能够使会展达到盈亏平衡的会展规模就是会展盈亏平衡规模，能够使会展达到平衡的会展价格就是会展盈亏平衡价格。而最重要的是我们需找到一个盈亏平衡点，这是指能够使会展达到盈亏平衡的会展规模或会展价格，可以按以下公式求得：

盈亏平衡价格（单个展位）＝会展总成本 ÷ 会展总展位数，这是以单个标准展位来定价；

盈亏平衡价格（单位展览面积）＝会展总成本 ÷ 会展展览总面积；

能够使会展达到盈亏平衡的标准展位数量可以用以下公式求得：

盈亏平衡规模（标准展位数量）＝会展总成本 ÷ 单位标准展位价格；

能够使会展达到盈亏平衡的展览面积可以用以下公式求得：

盈亏平衡规模（展览面积）＝会展总成本 ÷ 单位展览面积价格。

（5）现金流量分析：包括净现值分析、净现值率分析、获利指数分析、内部收益率分析。不是所有的会展都可以在第一届或是第二届就可以获利的，这需要一个培育的过程。现金流量是指在未来一定期间所发生的现金收支。其中，现金收入称为现金流入量；现金支出称为现金流出量；现金流入量与现金流出量相抵后的余额称为现金净流量。对于需要有培育期的会展来说，现金流入量与前面提到的会展收入的来源项目大致

相同，现金流出量与会展成本费用的项目大致相同。不过，在测算现金流量的具体数据时，要剔除沉淀资本，要考虑现金当量和资金的时间价值，不能忽视成本。主办方可通过下列指标可对会展是否值得举办做出初步的判断：

A. 净现值：指会展项目计算期内，按行业基准收益率或其他设定的折现率折算的各届会展的净现金流量的代数和。如果净现值大于零，该会展就值得举办。

B. 净现值率：指会展项目的净现值占原来投资现值总和的百分比。如果净现值率大于或等于1，该会展就值得举办。

C. 获利指数：指会展项目举办后按行业基准收益率或其他设定的折现率折算的各届会展的净现金流量现值总额与原始投资现值总额之比。如果获利指数大于或等于1，该会展就值得举办。

D. 内部收益率：是能使会展项目的净现值等于零时的折现率。如果内部收益率大于资金成本，该会展就值得举办。

（6）资金筹措：办展机构可以根据其自身的经营以及会展筹备工作对资金投入的需要，通过一定的渠道，采取适当的方式获取一定的资金。办展机构在筹措资金时，应遵循以下基本原则：

A. 规模要适当。

B. 筹措要及时。

C. 方式要经济。

D. 来源要合理。

5. 风险预测

办展机构主要从以下几个方面来对举办会展所面临的风险进行预测和评估：

（1）市场风险。市场风险是指那些由市场和社会宏观环境所产生的对所有办展机构都发生影响的风险，如战争、自然灾害、瘟疫、经济衰退、政治法律因素及国际恐怖袭击等。

（2）经营风险。经营风险是指因办展机构经营方面的原因而给举办展会带来的风险，如会展现场布置不当和设施老化等引起现场火灾和展位坍塌；因通道安排不合理而致人群拥挤并出现事故；因展会定位不当、招展不力、招商不顺、宣传效果不佳、人力资源及人员结构不适合而使展会无法继续举办；展览管理失误而引起参展商"闹展"或"罢展"等。

（3）合作风险。合作风险是指办展机构和各合作单位之间、办展机构与展馆之间、办展机构与展会各服务商以及各营销中介之间，在合作条件、合作目标和合作事务各环节上可能出现的不协调、不一致和其他不确定性而对展会产生严重的影响。例如，某合作机构中途退出展会、展会指定展品运输商工作失误使展品运输紊乱、展馆因某种原因而延迟展会的排期等。

6. 存在的问题

包括通过以上可行性分析发现的会展项目立项存在的各种问题、研究人员在可行性分析以外发现的可能对会展产生影响的其他问题等。

7. 改进建议

针对上述问题，提出对会展项目立项策划的改进建议，指出要成功举办该会展应该努力的方向等。

8. 努力的方向

根据会展的办展宗旨和办展目标，在上述分析的基础上，针对存在的问题，提出要办好该会展所需要具备的其他条件和需要努力的方向。条件是否具备，不仅要研究各种现有的市场条件，还要对其未来的变化和发展趋势做出预测，使立项可行性分析得出的结论更加科学合理。

三、会展项目立项可行性报告的写作要求

在明确了目标市场、会展定位和未来的成本收益状况之后，策划人员就可以做出展览项目决策了。但面对若干种看似可行的操作方案，展览策划者还有一系列的工作要做，研究项目的可行性、选择最优方案和制订项目运作方案，只有在完成这些工作后才算正式定了展览项目。之后，策划人员需要撰写详细的可行性研究报告，并将其提交给公司决策层。

可行性研究报告是展览策划者就某一个项目进行可行性研究的书面表达，它是会展组织者决定是否继续进行某展览项目的依据。在可行性研究报告中，策划人员要对自身所代表的组织和举办地的能力及条件进行全面分析，换句话说，要综合考虑盈利、场地要求、管理技术要求、预计参展商数量和观众人数、展览会的竞争力、公共与私人财务援助的可用性、行政支持等诸多因素，其中，准确估计展览会的成本和收益最重要。

一般而言，展览项目可行性研究报告包括六大部分。即：①项目简介；②技术性要求（如对展览场地的特殊要求，需要配备专业人员等）；③财务预算（包括资金投入、政府拨款、展位销售收入、赞助和广告收入等）；④展览会的市场前景与目标市场分析；⑤管理技术和人力资源分析；⑥结论。

"会展项目立项可行性研究报告"是办展机构进行决策的重要依据，是决定是否要举办相关会展的重要文件。因此，"会展项目立项可行性研究报告"的写作必须做到材料真实充分，分析客观科学，判断正确合理，尤其需要明确以下几点：

1. 市场环境分析

这是会展立项可行性分析的第一步。根据会展立项策划提出的会展举办方案，在已经掌握的各种信息的基础上，进一步分析和论证举办会展的各种市场条件是否具备，是否有举办该会展所需要的各种政策基础和社会基础。市场环境分析是从计划举办的会展项目的外部因素出发来分析举办该会展的条件是否具备，不仅要研究各种现有的市场条

件，还要对其未来的变化和发展趋势做出预测，使立项可行性分析得出的结论更加科学合理。

2.会展项目生命力分析

是从计划举办的会展项目本身出发，分析该会展是否有发展前途。分析会展项目的生命力，不是只分析会展举办一届或两届的生命力，而是要分析该会展的长期生命力，即要分析如果本会展举办五届以上是否还有发展前途的问题。

3.会展执行方案分析

是从计划举办的会展项目本身出发，分析该会展项目立项计划准备实施的各种执行方案是否完备，是否能保证该会展计划目标的实现。会展执行方案分析的对象是该会展的各种执行方案，分析的重点是各种执行方案是否合理、是否完备和是否可行。

4.会展项目经济测评

是从办展机构财务的角度出发，分析测算举办该会展的费用支出和收益。会展项目经济测评的主要目的是评价计划举办的会展是否经济可行，并为将要举办的会展制定资金使用计划。对展览会的成本和收益进行估算是项目可行性分析的重要内容。因为对于展览公司而言，其目标很明确，即通过举办展览会获取利润。即使目前不盈利，在连续举办几届以后也一定会获利。从这个角度来讲，成本收益估算就是展览会的经济可行性分析。

5.风险预测、存在的问题、改进建议及努力的方向等

这几点也是"会展项目立项可行性研究报告"不可或缺的重要组成部分。

第四节　会展计划

会展计划是预先对会展工作做出打算和安排的文书。会展计划是一个笼统的概念，纲要、规划、方案、设想、意见、安排及工作要点等都属此类文书。

一、会展计划的特点

一是具有明确的目标，即在一定时间内要完成什么任务，达到什么目的；二是具有很强的预见性；三是措施具有可行性；四是具有一定的约束力，不能随便更改。

二、会展计划的种类

会展计划的种类很多，如按内容区分，可分为综合会展计划和专项（单项）会展计划；按性质划分，可分为展览计划、展销计划、会议计划等；按范围划分，有国家会展计划、地区会展计划、部门会展计划、单位会展计划等；按期限划分，可分为长远会展计划、年度会展计划、季度会展计划、月度会展计划、时日会展计划等。

三、会展计划的写作方法

会展计划可以采用文字式、表格式或条目式。文字式会展计划即以文字叙述来表达会展计划的内容。表格式会展计划即主要用表格来表达会展计划的内容。条目式会展计划即逐条列出会展计划内容，这种方式使用最为广泛。以上三种方式往往综合使用。

一般较规范的会展计划都由标题、正文和落款三部分组成。

（1）标题。由会展计划单位、会展计划时限、会展计划事由和文种组成。基本样式如《××行业××年××的会展计划》。也有省略其中一两项的标题，如《××年××协会会展计划》《××届××会展计划》等。

（2）正文。一般由前言和主体两部分组成。前言一般应简要说明制定会展计划的指导思想、主要依据以及会展计划的总目标或总任务。文字表达要高度概括。主体部分一般由目标、措施、步骤三部分组成，被称为会展计划的"三大要素"。这部分首先要写明规定时限内要完成的基本目标或基本任务，以及这些目标、任务数量和质量上的要求。其次要写明实现目标的措施与方法，如由谁或什么部门负责，用什么方法完成。再次要说明完成目标、任务要采取的步骤，先做什么，后做什么，具体有什么要求。写作这部分内容，措辞要准确简明，层次要清楚，表述要具体明确。

（3）落款。一般包括单位名称和日期。

在会展业务中，经常需要制订的会展计划便是方案。方案，又叫工作方案，是会展计划的一种，是为完成任务而事先所做的安排。具体地说，在进行某项工作前，根据实际情况，对所要做的工作提出具体要求、规定明确目标、制订相应措施。

订好会展计划、写好方案对完成任务有着重要作用。古语云："凡事预则立，不预则废。"这个"预"，就是事先的会展计划。制订好一个方案，可以让人们心中有数，知道"做什么"和"怎样做"，从而统一思想，明确目标，有利于提高自觉性，减少盲目性，充分调动全体员工的积极性和创造性。会展计划、方案又是检查本单位工作的客观依据。在实施方案的过程中，人们可以根据方案及时检查工作，以便随时发现问题，随时改进工作，更好地完成任务。

第五节　会展申办报告

会展申办报告是会展申办方案中最重要的文件。其主要作用包括两个方面：一是陈述会展申办的理由和所具备的条件、优势；二是统领所有的会展申办文案。

一、会展申办报告的含义

申办报告是向上级机关请示、批准的文书。一般可分为两种：一是国内机构请求比

准在国（境）内举办自行发起的会展。另一种是国内机构举办国际组织发起的会展活动。这时申办机构要向国内有关主管机构请示，获得同意后再向发起会展活动的国际组织提交申办报告。

二、会展申办报告的基本内容

目前，我国的会展审批体制分条分块，各审批部门对申办报告的内容规定也不尽相同，但一般而言，向国内审批机关提交的会展申办报告应当包括以下内容：

（1）会展活动名称。

（2）主板单位和承办单位的名称及分工。

（3）历届会展的基本情况。如时间地点、展览面积、主办和承办单位、参展商和观众数量、展出内容和效果等。

（4）本届会展的背景、目的、意义、宗旨、条件、主题、与会者或参展范围、活动形式等。

（5）举办时间和地点。时间要求具体到日期，地点要求具体到城市。

（6）会议人数、展览面积。国际会议申请需要提供人数和国外代表人数，不含我国港、澳、台地区代表。展览面积指展览实际有效面积，指净面积。单独举行的国际展览只需要申报展览面积。

（7）经费来源。主要包括申请项目会展发展扶持基金、申办方投入、通过市场化手段筹集资金，获取银行支持，申请政府拨款等。

（8）申办国外展，要说明工作人员在外停留天数、出访路线等。

（9）会展联系人、联系方法、电话、传真、电子邮件地址和网址等。

（10）附件。会展活动需要的其他重要性文件。

三、会展申办报告的结构与写法

1. 标题

一般应当写明申办机构名称、会展名称和申办报告。

2. 主送机关

写明负责审的机关名称，不能多头主送。

3. 正文

正文逐项写明申办报告的基本内容。要求条理清楚、层次分明、语言简明。包括展览名称、展览主办单位、承办单位或协办单位、展览时间、展览地点、展览面积、展览内容等。

4. 附件

申办报告都有附件，应逐项表明每份附件的序号及名称。

5. 落款和日期

在正文的右后下方写明申办单位的名称，再换行写明提交的日期。

表格式的申办报告由审批单位统一制作成申请表，列出各项具体的内容，由申请单位按要求逐一填写并加盖公章。

【复习思考题】

1. 一份会展调查报告应具备哪些条件？

2. 办展市场环境分析包括哪些内容？

3. 会展立项策划书提出的会展基本框架主要包括哪些内容？

4. 会展的具体实施计划一般包括哪些内容？

5. 对计划举办的会展的基本框架进行评估，具体包括哪些内容？

【案例分析】

第六届国际茶文化博览会会展立项策划书

一、会展简介

1. 会展名称：第六届国际茶文化博览会

2. 会展地点：四川省科技馆

3. 会展时间：2019 年 5 月 1~4 日

4. 特别支持单位：中国茶叶流通协会、中华茶人联谊会、中国茶叶学会、中国国际茶文化研究会、中国际茶业科学文化研究会

主办单位：四川省农业厅、四川省茶文化协会

承办单位：四川省茶业协会、中国天福茶叶集团

二、市场分析

"茶之为饮，发乎神农"。中国茶文化源远流长，巴蜀常被称为中国茶业和茶文化的摇篮。六朝以前的茶史资料表明，中国的茶业最初兴起于巴蜀。茶叶文化的形成，与巴蜀地区早期的政治、风俗及茶叶饮用有着密切的关系。四川不仅是我国的产茶大省，同时也是茶叶消费大省，茶文化底蕴深厚。为了弘扬中华茶祖神农文化，宣传推介名优茶，打造茶品牌，扩大消费人群，拓展巴蜀地区茶叶市场，提高巴蜀地区茶市场占有率，本着"专业化、市场化、精品化"的办展思路，以市场为导向，精心组织，严格管理，办好四川茶文化博览会这一专业性茶文化展览活动。希望以此为广大茶企、茶商、茶人、茶友打造一个新的茶产品、茶文化的交流、交易平台，为促进茶产业的发展，为助农增收、富民强省做出新的贡献。

三、资源分析

春花秋月无情，沧海桑田巨变。世间许多国度都发生过文明的"颠覆"，世界上许多国家，都发生过文化的"断裂"。然而，若从神农时代算，中国茶文化已经历悠悠四五千载的岁月。然而这些似乎并非世人所关注的，人们只注意茶的"喝"，却没留意到在每一杯茶的背后都富含着茶的文化。所以希望通过本次办展，宣传我国的茶文化，使中国茶文化就像悠悠清茗香一样，源远流长，从历史的过去一直飘到现代，继续飘过每个人心中。

四、项目整体设计

1. 会展主题：展、论、品——博大精深的茶文化

2. 展品范围：各地名优茶：绿茶、黑茶（含普洱茶）、黄茶、红茶、白茶、青茶等名优茶及花茶、保健茶、萃取茶、药用茶等深加工茶产品和茶饮料产品；茶叶相关器具：茶壶、杯碟、茶具；紫砂类茶具、茶器、茶设备和茶叶工艺品；紫砂类人物雕塑、陈设工艺品等；紫砂类盆栽盆（深盆）、盆景盆、花瓶花插等；茶机械与检测设备：采茶机、茶园耕作机、茶叶罐装机、茶叶保鲜机、茶烘干机、茶叶除湿机、抽湿机、称重器皿、茶金属检测机等；茶叶包装产品：茶叶罐、茶礼盒、茶纸盒、茶玻璃器皿、复合材料及其他包装类制品；茶文化、茶科技新技术、新成果、新产品等；相关收藏品：各种陈茶、茶具、根雕、陶瓷、珍藏、字画、工艺品等收藏品

3. 展位设计：序厅特装区、中央展馆、标展、户外广告、其他广告

4. 主要活动安排：

5月1日8：00—10：00　　　　开幕式

5月1日14：00—18：00　　　茶产品暨收藏品展示

5月2日8：00—11：00　　　　茶馆论坛

5月2日14：00—18：00　　　茶艺表演

5月3日8：00—11：00　　　　千人品茶活动

5月3日14：00—19：00　　　茶叶品鉴拍卖会

5月4日8：00—10：00　　　　茶文化书法现场表演

5月4日14：00—16：00　　　闭幕式

5. 参展商与客商的参展资格

必须是经工商、税务、卫生等职能主管部门审查通过，取得相关资质的茶叶及相关企业，必须是取得QS认证、无公害认证、绿色食品认证、有机茶认证的茶叶类优质产品以及品牌茶产品等。

6. 观众的主要范围：

喜好茶文化、茶艺的国内外各界朋友。

五、营销方式和手段

1. 宣传推广计划

四川电视台、四川人民广播电台、《四川日报》《成都日报》《华西都市报》《茶周刊》、四川旅游网、四川文艺网、中国名茶网等 100 多家媒体网站，《中国茶》《茶叶通讯》等 10 多家专业杂志全方位宣传报道本会，扩大展会影响。与主要茶叶市场共同联手，在茶叶批发市场显著位置发布茶博会大型户外广告，扩大展会影响力。

派专人参加国内相关展会，派发展会宣传资料、邀请客商。

建立观众客户数据库，客服专员邀请专业客户，确保观众质量和展会信息准确到达。

展会前在展馆附近摆放展会空飘气球、拱门，营造现场气氛，开展前及开展期间，连续一周在四川主要报刊、电视频道黄金时段、版刊登，播出"展会预告及展会新闻"。创办展会会刊对参展企业、展会情况进行发布、宣传。

2. 展位收费标准

展厅特装区：1000 元 / 平方米，自行特装，展会提供洽谈桌 1 张、椅子 2 把、照明电 220V 电源及插座、保安、展位卫生服务。

3. 中央展馆：

特装 680 元 / 平方米，自行装修，展会提供洽谈桌 1 张、椅子 2 把、照明电 220V 电源及插座、保安、展位卫生服务。标展规格 3m×3m，4200 元 / 个，包括展位板区、眉板制作、洽谈桌 1 张、椅子 2 把、照明电 220V 电源插座一个、保安、展位卫生服务。

4. 标展，规格 3m×3m，4000 元 / 个，包括展位板、眉板制作、洽谈桌 1 张、椅子 2 把、照明电 220V 电源插座一个、保安、展位卫生服务。

5. 户外广告：会场墙面喷绘：30 元 / 平方米；拱门：3000 元 / 座（18m）；空飘气球 2000 元 / 对。

6. 门票价格：80 元 / 张。

六、主要服务机构的对接

会展总协调、管理由专人负责。

会展翻译、资料由专人负责，与立展公司做好协调。

会展展品运输、布展、撤展由专人负责，与物流做好协调。

参展商证件由专人负责，与办展公司做好协调。

会展后勤工作（吃住行）有专人负责，与酒店做好协调。

会展采购商资料、参展商反馈意见由专人负责整理收集。

会展财务工作有专人负责。

会展展位、展品安全问题由专人负责。

推介会设立 2 个咨询处，方便大家参展。

七、财务分析

1. 成本预测

展览场地费用 2000000 元

展会宣传推广费 800000 元

招展和招商的费用 400000 元

相关活动的费用 800000 元

办公费用和人员费用 500000 元

税收 1000000 元

其他不可预测的费用 500000 元

成本合计 6000000 元

2. 收入预测

展位费收入 3000000 元

门票收入 1000000 元

广告和企业赞助收入 2400000 元

其他相关收入 500000 元

收入合计 6900000 元

3. 利润合计 900000 元

八、对经济发展的作用

"2014 年第六届国际茶文化博览会"的举办，旨在让"茶"融入国际，以茶为媒，广交朋友，建立友谊论坛以挖掘、传播世界茶文化，铸造、完善世界茶产业，促进、推动世界茶交流，革新、提升世界茶生活为主旨，为世界各主要茶国的相关机构和团体建立广泛的交流与合作平台，实现传播茶文化，发展茶经济，凝聚世界茶人力量，推动全球茶事业繁荣的宏伟目标。

思考题：

1. 试分析案例的写作是否符合会展项目立项策划书写作要求？

2. 指出该文案中的不足之处，并加以完善。

第 三 章

会展招展招商文案

【本章导读】

　　会展招展方案与招商方案是展会整体策划诸多方案中的核心方案。会展招展方案是在招展策划的基础上，为展位营销而制订的执行方案。招展方案是对会展招展工作的整体规划与总体部署；会展招商方案是在展会招商和宣传推广策划的基础上，为寻求合办者、支持者、赞助商、会展名称、标志的使用权受让者、广告商以及招徕客商和邀请观众而撰写的文案。因此，在编制会展招商、招展方案时，要在全面掌握展会信息的基础上，对各项展会招展、招商工作进行系统统筹，合理安排。

【学习目标】

　　1. 掌握会展招展方案包含的内容及写作要求；

　　2. 掌握会展招展函包含的内容及写作要求；

　　3. 了解编制会展招展函的原则；

　　4. 了解会展招商方案包含的内容及写作要求；

　　5. 了解观众邀请函的作用及内容结构。

【导入案例】

　　2010 年上海世博会召开前，在世博会招展工作统计中，已正式确认参加上海世博会的国家和国际组织超过百家，其中有 13 个国家已经任命了其上海世博会政府总代表。一些国家和国际组织在很早的时候就开始着手参展事务的准备。2006 年 3 月 22 日，由

时任国务院总理温家宝签署的官方邀请函通过外交渠道向 168 个建交国发出，标志着上海世博会国际招展全面启动。3 月 29 日，由时任外交部部长李肇星签署的官方邀请函通过外交渠道向 49 个政府间国际组织发出。5 月初，中国常驻联合国代表团以照会形式向 24 个未建交国发出了邀请。同时，上海世博局也向 11 个非政府和非营利组织发出了参展邀请。在 9 个月时间内，上海世博会已经得到超过 100 个国家和国际组织的参展确认，这在世博会历史上较为罕见。

上海世博会的国际招展得到了中国政府的高度重视。国家领导人通过各种外事场合开展工作，在高层直接推动了很多国家确认参展。由中央有关部门和上海市共 26 个单位组成的上海世博会组委会，专门成立了"4+1"国际招展工作机制，这个由外交部、商务部、中国贸促会、上海市组成，中国政府总代表参加的上海世博会国际招展工作机制，对国际招展工作进行统一规划、统一管理和统一实施，发挥了重要的作用。在外交部的统一部署下，我驻外使、领馆由大使亲自挂帅，建立专门档案，派专人与各参展方就参展确认和各项具体参展事务进行一线联络，这是国际招展取得成绩的重要保障。中国贸促会根据以往世博会惯例，积极协助起草"2010 年上海世博会官方参展者邀请函"，并组织专人对有关非建交国及其参加国际展览局和世博会的情况进行研究，确定了面向 24 个非建交国招展的工作对象、目标、原则、重点和工作计划，制定了《关于争取非建交国家参加 2010 年上海世博会的工作方案》。贸促会领导在重大外事活动场合积极推介上海世博会。

招展九个月，确认参展方超过百家，这是中国综合实力全面提升、综合外交全面胜利的体现。越来越多的国家和国际组织把参与此次盛会视为加强与我国交流与合作的重要契机。时任英国首相布莱尔在回复温家宝总理邀请函时表示，上海世博会将汇集全世界想象力，是一个重要而精彩的活动。时任意大利总理普罗迪在考察上海世博会规划园区时，发表了热情洋溢的讲话，认为上海世博会是加强人民之间互相了解，展示各个参展国在技术、工业、设计和可持续发展等方面成就的舞台，意大利将通过上海世博会加强意中两国的友好合作关系。

国际社会的热烈反应，体现了上海世博会"城市，让生活更美好"这一具有国际性、时代性的主题得到了国际社会认可。已经确认参展的 100 各国家和国际组织，都有着各自的特点，体现了世博会丰富多彩的特质。发达国家纷纷在第一时间确认参展，一些发达国家已经对参展开始积极准备，任命了其政府总代表或项目协调人，许多国家还专门成立办博机构，如英国已召集一个有英国皇家建筑协会等 40 多个机构参与的项目小组，研究参展的具体方案。法国驻沪总领事马捷利表示，在未来三四年内，上海世博会将是法国的战略目标，将围绕世博在经济、贸易、文化及教育领域开展合作，已有 12 家法国企业会以此为中心，进行交流合作，在 2010 年 5 月 1 日将看到的法国展馆，不是一个法国政府的展馆，而是一个展示全法风貌的展馆。日本领驻沪总领事说，日本负责此次参展事务的主管单位是经济产业省、国土交通省和环境省，日本贸易振兴机构也提供了支持，今年初还成立世博会有识之士恳谈会，恳谈会成员都是社会精英，目前正在进行关于 2010 年上海世博会的研讨，爱知世博会的主题是"自然的睿智"，上海世博会的主题是"城市，让生活更美好"，日本馆将围绕"与自然共生、共存"的主题来展示，介绍日本最先进的技术，如能源技术、环保技术等。

重要的国际组织在第一时间确认参展，这包括联合国、世界银行、经合组织等在全球事务中起到积极作用的国际组织。联合国已明确指定联合国人居署为其牵头单位。一些区域性国际组织对参加上海世博会态度积极，如阿盟秘书长穆萨在确认函中表示，将积极参与上海世博会，并指定阿拉伯城市组织作为牵头单位负责阿盟的参展事务。另外，非政府组织世界水理事会也已确认参加上海世博会。

发展中国家参展积极。中国是发展中国家，因此上海世博会尤其鼓励发展中国家参展，为了减轻发展中国家参展的成本和负担，还专门设立了 1 亿美元的援助基金。发展中国家也反应积极，比如中低收入国家集中的非洲就已有 31 个国家确认参展，充分体现了发展中国家对中国举办世博会的支持。

第一节　招展方案写作

一、招展方案的定义

会展招展方案是在招展策划的基础上，为展位营销而制订的具体执行方案。招展方案是对会展招展工作的整体规划与总体部署，它是会展策划诸多方案中的核心方案之一，对会展的招展工作有着重要的影响。

二、招商方案的内容和写作原则

1. 招商方案的主要内容

编制会展的招展方案，要在全面掌握市场信息的基础上，结合会展的定位，参考展览题材所在行业的特点，对各项招展工作进行统筹规划和科学安排。会展招展方案的内容结构：

会展招展方案是对会展招展工作的总体规划和全面部署，其内容涉及会展招展工作的方方面面，十分繁杂。总体来看，会展招展方案包含的内容主要有以下几个方面：

（1）产业分布特点。

（2）展区和展位划分。

（3）招展价格。

（4）招展函的编制与发送。

（5）招展分工：各招展单位之间的分工；本单位内招展人员及其分工安排。

（6）招展代理：招展代理的种类及其来源；代理的聘用及代理期限；代理商的权利与责任；代理佣金。

（7）招展宣传推广：招展宣传推广的策略；招展宣传推广的渠道；招展宣传推广的时间和地域安排。

（8）展位营销办法。

（9）招展预算。

（10）招展总体进度安排。

2. 撰写会展招展方案的指导原则

（1）要对招展工作具有指导意义；

（2）要有针对性地满足具体招展机构的需要；

（3）能够做到重点突出，具有可操作性；

（4）信息覆盖完整，语言表述专业。

三、会展招展方案写作规范

一份完整的会展招展方案需要解决与会展实际相关的许多现实问题。写作者在撰写过程中就需要充分考虑展会本身的需求以及力图达致的目标。在这样一个前提下，努力提供规范的招展方案文件就是一个系统性的工程。而将其每一步作分解则是一个可行性的方案。

1. 产业布局特点介绍

从产业的高度介绍分析会展题材所在行业的经营环境、分布特点和发展愿景，介绍行业内的企业机构状况、分布情况和优劣态势。

2. 展区和展位的划分

为保证会展招展方案投放对象能够迅速地了解会展概况，可以用平面图或者表格等多种形式对展区和展位进行划分，同时介绍具体安排情况，以便参展方掌握。

3. 招展价格

标明会展招展价格，即制定该价格的依据。

4. 招展分工规划

对会展的招展分工做出具体的安排和规划，从细部上看就有招展地区分工、招展单位分工、本单位内招展人员及分工安排等各组成部分。

5. 招展函的编制和发送

统筹、介绍招展函的内容、编制方法和发送范围、发送方式。其中还包括招展函的印刷数量、派发范围以及投递方式等，这些均需在编制计划时予以考虑。

6. 招展代理

对会展招展代理的选择要遵循一定的原则。具体可以从这几个角度考虑：所选代理商对象应该对于展会有一定的客户基础；要熟悉展览会各项工作的运作。

7. 招展宣传推广规划

招展宣传推广是为促进会展更好地招展而有目的、有针对性地举行的一些宣传推广活动，这些宣传推广活动是围绕着会展招展基本策略和目标而制订的，有很强的协调配合性。因此，做好规划是保证会展招展成功的关键步骤。

（1）招展宣传推广的渠道：如召开新闻发布会、与传媒合作软文发布，特别是网络时代要善于借助网络推广等；

（2）招展宣传推广的策略：包括宣传推广的立足点、要点、亮点，即要突出展会的独特之处，以达到引人关注的目的；

（3）招展宣传推广的时间、地域安排以及经费预算：大致来说要做到因地制宜，有的放矢，还要量力而行。

8. 展位营销办法

提出适合本会展展位营销的各种途径、具体方略以及实施细则，对参与招展的工作人员各司其职做出指引。

9. 测算招展预算

招展预算是在前述各项招展工作均安排就绪的基础上，对招展过程可能需要的相关费用支出做出提前规划。这些费用主要包括：①招展工作人员的费用，可能涉及的是工资、加班支出、差旅费及必要的办公费用；②招展资料的设计、制作和投寄的费用；③招展电话、传真、网络等费用；④为招展提供支持的宣传推广费用；⑤招展代理费用；⑥招展公关活动费用；⑦其他支出费用。

10. 招展总体进度安排

招展进度计划，是指在招展工作开始实施之前，就对其在时序和效果上做出的统筹安排和总体布局，主要解决的是不同阶段的细节性活动以及活动目标，还包括相应的负责人等安排。

四、会展招展方案的文本结构

1. 标题

会展招展方案的标题有两种写法：一种由展览会的名称和固定的"招展方案"文字组成；另一种采用公文标题的形式，即包括发布机关、发布事由（通常即展览会的内容）和"公告"组成，如《第 × 届 ×× 博览会组委会关于第 × 届 ×× 博览会参展参会有关事项的公告》等。

2. 正文

会展招展方案的正文部分首先需要较为详细地介绍展览会的名称、主办者、主办动机和当前背景及历史成就等，然后以较为固定的过渡性语句引出下文。

由于正文部分涉及内容较多，为方便阅读者尽快掌握各个要点，主体部分多采用小

标题的形式逐项交代清楚，一般无须结尾。正文部分的写作一定要做到规范，要落实会展招展方案写作的原则。

3.落款和发布日期等

落款主要是署明主办者或组委会的名称。发布日期则是为了让阅读者了解招展方案的发布时间。一般要写注明月日。

第二节　招展函写作

一、会展招展函的含义

会展招展函是展会主办机构为了吸引参展商参展而对会展基本情况和将要达到的目标、任务等进行系统性介绍的文本。招展函是办展机构用来说明展会以招揽目标参展商参展的小册子。招展函是展会进行展位营销时主要的核心资料之一，也是目标参展商最初了解展会情况的主要信息来源。

由此可见，招展函是会展进行营销时的核心资料之一，同时又是有意参加展会的参展商最先接触会展筹备情况的信息来源，因此，准备好招展函对于会展的成功举办有着重要的先导作用。

二、会展招展函的内容

为了能使目标参展商对展会有足够的了解，并对展会做出基本的判断，招展函介绍展会的内容必须准确而全面。一般来说，招展函主要包括以下几方面的内容：

1.展会的基本内容

展会的基本内容主要包括：展会名称和 LOGO（标志）、展会的举办时间和地点、办展机构名单、办展起因和办展目标、展会特色、展品范围和价格等。

（1）展会名称和 LOGO。展会的名称和 LOGO 一般被放在展会招展函封面最醒目的位置，展会的名称一般用较大的字体。如果展会是国际性的，展会的名称还包括其英文名称。

（2）展会的举办时间和地点。一般被放在招展函的封面，其中举办时间也会放在招展函的内页。只不过封面的举办时间通常是展会的正式展览时间，而内页的举办时间往往还包括展会的布展、撤展和对专业及普通观众的开放时间等。

（3）办展机构。包括展会的主办单位、承办单位、协办单位和支持单位等，有时候还包括展会的批准机构。它们一般被放在展会招展函的封面。

（4）办展起因和办展目标。简要说明为什么要举办该展会以及计划将该展会办成什么样的一个展会。对于连续举办多次的展会而言，对往届展会进行回顾也是一项必不可少的内容。

（5）展会特色。常使用非常简洁的言语来高度概括展会的特色，如展会的宣传口号、展会的主题等，要易记易懂，易于传播。

（6）展品范围。详细地列明展会的展品范围，有时候还包括展会的展区划分，供参展商做出参展决策时参考。

（7）价格。列明展会的各种价格，包括空地价格、标准展位价格、室外场地价格等。

2. 市场状况介绍

主要包括行业状况和地区的市场状况等。

（1）行业状况。结合展位的定位，对展会展览题材所在行业的状况作简要介绍，如行业生产、销售、进出口及发展趋势等。

（2）地区市场状况。简要介绍办展所在地区的市场状况，如果展会是国际展，那么介绍中的地区范围就不仅仅是展会所在的城市和省份，它可能还包括整个国家及其周边国家。至于地区范围究竟该包括哪些地区，主要取决于展会的定位和市场辐射范围的大小。

3. 展会招商及宣传和推广计划

主要包括展会招商计划、宣传推广计划、相关活动计划、展会服务项目等。

（1）展会招商计划：简要介绍展会，计划邀请专业观众的办法、范围和渠道。

（2）宣传推广计划：简要介绍展会宣传推广的手段、办法、范围和渠道以及展会计划扩大其影响的措施。展会宣传推广计划是参展商比较关注的项目，需要详细列明。

（3）相关活动计划：简要介绍展会期间将要举办哪些相关活动，各种活动的举办时间和地点以及参展商参加活动的联系办法等。

（4）展会服务项目：招展函还要告诉目标参展商，如果参展，将能从展会获得怎样的服务，这些服务包括展会提供的各种有偿服务和免费服务等。

4. 参展办法

主要包括如何办理参展手续、付款方式、参展申请表和办展机构的联系办法等。

（1）如何办理参展手续：告诉目标参展商，如果要参展，将怎样办理参展手续。

（2）付款方式：列明展会的开户银行、开户名称和账号、收款单位名称、参展商参展的付款办法、应付定金的数额和付款时间等。

（3）参展申请表：预留参展商参展申请表，一旦目标参展商计划参展，就可以填写该表并传真给办展机构预订展位。

（4）联系办法：列明办展机构的联系地址、电话、传真、网址和 E-mail 等，供目标参展商联系之用。特别要指出的是，随着各种社交媒体的兴盛，展会的官方微博、微信公众账号等都应予以重点和突出介绍。这些既能有效地与参展商进行实时互动，又能经济地配合做市场推广。

（5）各种图片或图案：除以上内容外，招展函还会有一些图片和其他图案。如展馆

图、展馆周边地区交通图、往届展会现场图片等。如果有需要，有些招展函还对展馆作一些简要介绍。这些图片既可以对展会相关情况做进一步的说明，也可以起到美化招展函的作用。

三、会展招展函的写作规范

正如前面已经特别提到的，每一个会展都是一项系统工程。而招展函的内容涉及范围广，因而也会显得繁杂。由此更需要对其内容、图片乃至版面等做细致的规划和安排，以期招展函在会展招展过程中发挥应有的功能和作用。

具体而言，招展函写作应当遵循以下规范：

1. 内容全面准确

多数参展商是通过招展函来最初接触会展的，招展函就是他们做出参展决策的重要参考资料。换言之，招展函是会展主办方与参展商之间沟通的第一座桥梁，因此，招展函所涉及的内容一定要全面、准确。这里所说的"全面、准确"不仅体现在内容的条目上，而且也体现在写作过程的语言表述上。

2. 简单实用

招展函是一种应用文本，这就决定了写作要注重简单实用，与会展招展无关的内容则无须牵扯其中。

3. 美观大方

招展函同时也是一张投递出去的名片，在版式安排、图片应用、文字布局上都要讲究美观大方，字体字号也要符合人们的日常阅读习惯。

4. 便于传递和携带

由于招展函一般是以邮寄、快递或者工作人员携带等方式来扩散、传播的，因此，在写作和制作过程中要考虑到这些因素，讲求邮寄或携带的便利性。

四、展会招展函的结构与写法

1. 封面

一般来说，展会招展函的封面会显示其商务函的性质。它可以根据发送对象的不同，分门别类地撰写与制作。普通的函件封面会以本次会展活动的名称、主题、主办方名称、会展时间、会展地点等内容为核心；而特殊类别的函件则在封面上只注明会展组织者或项目的名称、受函机构或人员的有关信息，并加注"通知""函"等字样即可。

2. 标题

标题由会展活动名称和专属词如"邀请书（或函、信）"等组成。大致来说，会展活动名称可以分成三部分：基本部分、限定部分和附属部分。其中基本部分和限定部分构成会展名称的主体。如"第十届中国家电产品博览会邀请信（函）"，所遵循的就是这样的构成方式。

3. 称呼

称呼是指邀请信（函）所要投递发送的对象，主要可以分成三种形式：

（1）发送到对方单位的邀请函。这时需要写明单位名称，而且为表尊重起见，单位名称的写法需要做到完整、规范，一般不宜用泛称、简称。

（2）邀请信是发给具体个人的。那么就需要写清楚对方姓名（同样需要用全称），并且前面冠以"尊敬的"之类敬语套词，后面缀以"先生""女士"等称谓。

（3）通过网络或其他大众媒体公开刊布的邀请函。由于对象无明确指向，这时可以省略称呼，或者以"敬启者""敬告各有关单位"等统称泛指。

4. 正文

正文部分按照会展布置，逐项写清具体内容。在撰写这一部分时，要尽量简单明确，言简意赅，把展会的基本情况和该展会特色及出彩之处说明清楚即可。概而言之，写作者可以从以下几个方面入手：

（1）背景说明。举办此次展会的背景和目的。

（2）组织说明。展会活动的组织结构，包括展会的主办者、协办者和承办者等。

（3）时间地点等要件。展会的举办日期、时长、结束日期，展会的举办地等做一概要介绍。

（4）展会特色。此次展会的出彩之处。

5. 落款

展会邀请函的落款，一般来说就是展会活动的组织机构名称。不过需要注意的是，此处通常需要加盖相关的印章，以示正式，证明邀请函的合法性与真实有效性。如果是多家机构联合主办或承办，则需这些机构联名签章，同时落款处还要标注出邀请函的发布时间。

6. 附件

这一部分通常包括展会的具体内容介绍（补充前面主体部分）、回执单、管理规定及合同等。

第三节　会展招商方案

一、会展招商方案的含义

会展招商方案是在展会招商和宣传推广策划的基础上，为展会邀请观众而制定的具体执行方案。它是在充分了解展会展品的需求市场的基础上，合理地安排招商人员在适当的时间里通过合适的渠道而进行的展会招商活动，是对展会招商活动进行的总体安排和把握，其目的是力求保证展会开幕时能有足够的观众到会参观。

由于会展招商方案是对展会招商工作的整体规划和总体部署，因此，在编制展会的招商方案时，要在全面掌握展会目标观众信息的基础上，结合展会的定位，参考展会展览题材所在行业及其相关行业的特点，对各项招商工作进行统筹规划，合理安排。

会展招商方案是为展会邀请观众而制定的具体执行方案，会展招商方案邀请的重点观众是那些符合展会需要的专业观众。不过，如果展会因为需要一定数量的普通观众到会参观而也对普通观众开放，这样展会招商的对象就还要包括普通观众。目前，国内绝大多数展会都是既对专业观众开放也对普通观众开放的，其招商的对象自然也要包括这两类观众。为此，展会招商方案的内容要兼顾这两类观众。

二、会展招商方案的内容结构

一般来说，常见的展会招商方案要包含以下基本内容：

（1）制订招商方案的依据。

（2）展会招商分工。

（3）展会通讯及观众邀请函的编印。

（4）招商渠道和措施。

（5）招商宣传推广计划。

（6）招商预算。

（7）招商进度安排。

三、会展招商方案的写作要求

1. 制订招商方案的依据

这部分一般包括：展会展品的主要消费市场的地域分布状况和需求情况、展览题材所在行业及其相关产业在全国的分布状况、相关产业在各地区的发展现状、各有关产业的企业结构及分布情况等。

这部分内容一定要符合有关产业的实际情况，准确无误。否则，以此为依据制订的展会招商方案就会与实际情况严重脱节，没有可操作性。例如，如果对各产业消费市场的分析有误，招商重点地区的安排就会名不副实，招商宣传的重点地区就会出现偏差，实际招商工作的效果就难以保证。

2. 会展招商分工

根据展会的实际需要和办展机构的工作计划，我们要对展会的招商工作做出分工安排，包括对各办展单位之间的招商分工进行安排，对本单位内部招商人员及招商工作分工进行安排，对各招商地区的分工进行安排等。

在实际操作中，很多展会的办展单位往往不止一家，为了保证展会开幕后能有一定数量和质量的观众到会参观，在进行展会招商策划时，首先要对展会招商进行分工。

（1）办展机构之间的招商分工。展会招商工作的效益是服务于整个展会的。办展机构每招到一个参展商就会给它带来直接的经济收益。和展会招展不同，展会招商工作是一项见不到直接经济效益的工作，办展机构招到观众往往不能直接给它带来看得见的经济收益。展会招商工作经济效益的这种隐形性和间接性使一些办展机构在策划展会整体方案时，往往会出现"重招展、轻招商"的错误倾向。

为了避免出现这种不利的局面，当展会是由几个单位联合举办时，我们必须明确展会的招商工作是由谁来负责。如果展会的招商工作是由各办展机构共同来负责的，我们就必须明确各办展机构之间的招商分工。

各办展机构之间的招商分工，包括明确各单位必须共同遵守的招商原则、对各单位负责的招商地区（或行业）和重点目标观众的划分、对招商费用的预算和支付办法的规定、对重点目标观众的邀请和接待的安排等。对各单位的招商工作进行分工，是保证展会到会观众数量和质量的重要手段之一。

（2）本单位内招商人员及其分工安排。对本单位的招商人员及其分工做出安排，要确定主要负责招商的人员的名单，明确其主要任务是进行展会招商；要明确各招商人员负责招商的地区范围和重点目标观众。

（3）制订各招商人员的信息沟通和工作协调办法。

（4）对重点目标观众要制订统一的接待安排计划。

3.展会通讯及观众邀请函的编印

包括观众邀请函的内容、编印办法和发送范围与方法等。观众邀请函的内容见本章下一节的有关内容。在做观众邀请函的编印和发送计划时，还要考虑到观众邀请函的印制数量、发送范围和如何发送等问题。

4.招商渠道和措施

提出展会招商计划使用的各种渠道，以及针对各招商渠道计划采取怎样的招商措施。

进行展会招商的渠道通常有以下几条。

（1）专业媒体。很多产业都有自己的专业报纸杂志，这些专业媒体对本行业比较了解，也有一定的影响，并且通常都有一批熟悉的客户，联系比较广泛，展会可以与它们展开合作进行展会招商，也可以在它们上面做广告直接进行招商。通过专业媒体进行招商的对象主要是针对专业观众的；对于普通观众，专业媒体基本上不起作用。

（2）大众媒体。通过大众媒体进行招商的对象主要是针对普通观众的。一般来说，大众媒体针对专业观众的招商效果比不上专业媒体。因此，通过大众媒体的招商宣传及招商活动一般都是在比较临近展会开幕时才进行，这样安排效果会更好。

（3）有关行业协会和商会。行业协会和商会在行业里有重要的影响和强大的号召力，它们一般都拥有一定数量的会员单位，行业信息灵通，关系广泛，是办展机构理想的合作招商伙伴。

（4）国内外同类展会。由于展览题材相同或相似，观众的范围也基本相同，国内外

举办的同类展会是一个理想的招商场所。我们可以在国内外同类展会的现场推广本展会，也可以通过在其展会会刊上做广告等多种方式来招商。

（5）参展企业。

（6）网络招商。

（7）各种招商代理。

（8）政府有关部门。

（9）在展览期间举办的活动。

5. 招商宣传推广计划

包括对配合展会招商所做的各种招商宣传推广活动做出规划和安排。

6. 招商预算

对各项招商活动的费用支出做出初步预算，以便展会及时、合理地安排各种所需费用的支出。

7. 招商进度安排

对展会的各项招商活动进度做出总体规划和安排，以便控制展会招商工作的进程，确保届时展会有足够数量和一定质量的观众到会参观。

第四节　观众邀请函

一、观众邀请函的概念

观众邀请函是办展机构根据展会的实际情况编写的、用来进行展会招展的一种宣传单。观众邀请函是专门针对展会的目标观众，尤其是那些专业观众而发送的。和展会通讯一样，观众邀请函一般也是通过直接邮寄的方式发送到目标观众手中。所以，观众邀请函发送也有赖于目标观众数据库的建立和完善。

二、观众邀请函的作用

观众邀请函的主要作用在于邀请专业观众到会参观，其发放的针对性非常强，效果往往也很好。和展会通讯不同，观众邀请函一般只在展会开幕前一个月左右才开始向目标观众直接邮寄。不过，对于国外的观众，观众邀请函的邮寄时间要适度提前，一般要在展会开幕前三个月到半年的时候就开始邮寄，这样更便于国外观众做参观计划和申请签证。

三、观众邀请函的内容结构

观众邀请函的内容主要包括：

（1）展会的基本内容。包括展会的名称，举办的时间和地点，办展机构，展会的LOGO，本展会简单介绍（如展会的特点和优势）等。

（2）展会招展情况。包括展出的主要展品、参加展出的新产品和展会招展情况，一般还会将一些行业知名企业的参展情况进行重点通报。

（3）展会期间计划举办的相关活动。列举展会期间举办的相关活动的时间、地点和主题，以便观众提前安排时间与准备。

（4）参观回执表。包括参观申请的联系办法和联系人等，方便观众预先登记。

四、观众邀请函写作要求

观众邀请函的内容比展会通讯更简洁、更集中，其所有内容都在于吸引观众到会参观。因此，对展会的特点、优势、展品和参展企业的介绍就成为观众邀请函最为主要的内容。当然，如果展会已经举办过几届，那么对上届展会简短的总结也常常是观众邀请函所包含的内容。

观众邀请函也是展会直接营销的有力武器，它在邀请观众到会参观的同时，也直接扩大了展会的宣传推广，间接地有助于展会的招展工作。因此，观众邀请函有时也被用来作为进行展会宣传推广的一种武器。

【复习思考题】

1. 会展招展方案包含的内容主要有哪些方面？

2. 会展的招展代理有哪几种形式？

3. 编制招展函的原则有哪些？

4. 会展招展函的内容结构是怎样的？

5. 会展招商方案的内容结构一般包括哪些基本内容？

【案例分析】

2015 米兰世博会展位赞助方案

第一部分 2015 年意大利米兰世博会概况

1. 世博会概况

2. 意大利和米兰概况

3. 米兰世博会概况

申办之路：

国际展览局 2008 年 3 月 31 日在法国巴黎召开的第 143 次全体大会上意大利政府全

力支持，派出以总理普罗迪、外交部长达莱马、外贸部长博尼诺和米兰市长莫拉蒂为首的高规格代表团出席了当天的最后角逐。意大利总理普罗迪亲自做了精彩陈述。最终，经过激烈竞争，米兰市凭借鲜明的竞选主题、完备的场馆建设规划、良好的投资前景和合理的预算等优势，以86票对65票，最终击败土耳其的伊兹密尔市，获得2015年注册类世博会的主办权。

举办时间：

2015年意大利米兰世界博览会，将于2015年5月1日至10月31日在意大利的米兰市举办，为期184天。

世博会主题：

2015年意大利米兰世界博览会的主题为"滋养地球，生命能源"。即要求不仅为人类，同时也为环境提供可持续发展的能量。主题所体现的目的是为全人类寻找提供有品质的、健康、安全和可持续发展的食品保障的可能性，探寻有效合理利用资源、保护环境、生产健康、安全食品的道路，传达了人类希望与地球、生命、生态系统和谐发展的愿望。

主题倡导：

米兰世博会是继上海世博会之后的第一个注册类世博会，也是第一个致力于食品安全和食物多样性的注册类世博会，"可持续发展"与"创新"理念贯穿主题。

规模：

米兰世博会的规划为建设占地200公顷的世博城。建成后将包括12万平方米的国家展馆面积、可容纳12000名观众的剧院、6000个座位的会堂、主题展馆和公园，及配套的交通、酒店、商业设施，政府在未来几年内计划投资数十亿欧元用于米兰市及周边地区的基础设施改造。届时将利用完善的条件为世界各国展团和观众提供高水准服务。

参展国家、国际组织及观众预期：

目前，已有包括中国在内的约118个国家和国际组织确认参展，预计最终参展国际及国际组织将达到150个，吸引游客3000万人次以上。意大利政府高度重视中国参展，意大利希望全方位加强与中国的交流与合作。

第二部分　意大利米兰世博会联合国·国际信息发展组织馆的商业价值

意大利将米兰世博会唯一的海外办事处设在中国。意大利将在中国积极开展宣传和推介米兰世博会的"中国计划"，希望2015年吸引100万名中国游客赴意观光。意大利正积极考虑为中国参展及中国游客观光提供各种便利措施和优惠条件。

国际信息发展组织米兰世博会概况：

确认参展：经米兰世博会组委会批准，国际信息发展组织于2012年正式确认参展。

展位面积和位置（图略）。

展示主题："握手企业，持续发展"。

展示形式及主要活动。国际信息发展多媒体高科技展示、主题4D展示、动感舞台、主题餐厅、纪念品商店国际信息发展组织馆日活动、企业文化精品展演、观众互动、文化艺术、商务论坛2010年，国际信息发展组织作为上海世博会参展的国际组织，在世博园区国际组织区域内拥有独立展馆，通过"馆中馆"的多种展示形式和各类论坛互动活动，完美演绎"城市救援与和谐生活，国际交流合作一体化"的理念，并收到来自国际政要、中国各地政府，以及知名企业赞誉。

舆论评价：

米兰世博会主题和企业形象的完美结合，世界关注，载入史册；

全面提升企业形象和品牌。

第三部分　国际信息发展组织市场开发计划

1. 宗旨

遵守2015年意大利米兰世博会的有关规章；遵循2015年意大利米兰世博会"滋养地球，生命的能源"的主题；推动世界博览会的发展，提升赞助企业在国内外的形象与品牌知名度；确保国际信息发展组织2015年米兰世博会获得充足、稳定的组织经费和可靠的技术和服务支持；为中国企业提供独特的世博会市场营销平台，鼓励企业广泛参与，通过世博会市场营销提高企业形象和产品品牌；为赞助商提供优质服务，使它们获得充分的投资回报，帮助赞助企业与国际性组织建立长期的合作伙伴关系。

2. 赞助企业的资格

（1）资质实力因素：赞助企业可持续发展良好，有充足的资金支付赞助费用。

（2）产品保障因素：能为成功参加2015年意大利米兰世博会提供充足、先进、可靠的产品、技术和服务。

（3）品牌形象因素：企业具有良好的社会形象和企业信誉，企业的品牌和形象与世博会的理念相得益彰，产品符合环保生态绿色标准。

（4）营销推广因素：企业在市场营销和广告推广方面应投入足够的资金和做出相应努力，充分利用世博会和国际信息发展组织平台进行市场营销，宣传和推广企业品牌。

3. 赞助层次

国际信息发展组织馆赞助商包括三个层次：全球战略合作伙伴（5家）；金牌赞助商（10家）；指定用品（服务）供应商（10家）。

所涉及行业包括：电子设备、影视设备、摄影器材、摄像器材、通信产品、电梯设备、照明系统、空调系统、建筑材料、建筑涂料卫生洁具、服装服饰、化妆品、工艺陶瓷、贵宾接待用瓷矿泉水、软饮料、啤酒、果酒、白酒、茶叶、各类食品办公家具、办公设备、办公文具、办公用车、文化艺术、航运服务、海运服务、货运代理会议服务、培训服务。（注：指定产品名称和类别将根据情况变更）

4. 赞助商权益

全球战略合作伙伴

金牌赞助商

指定用品（服务）供应商

5.世博会效应

持续的新闻热点

6.丰富多彩的宣传展示平台

馆外宣传展示平台

活动宣传展示平台

企业产品的世博宣传

国际信息发展组织馆印刷品

冠名宣传

思考题：

1.以上为一份展位赞助商招商策划方案，请结合所学知识指出优点和不足之处，并加以完善。

2.结合案例分析展会赞助商招商工作对展会成功举办的重要意义。

第 四 章

会展宣传推广文案

 【本章导读】

　　展会宣传推广是指展会整体的宣传推广，是围绕展会基本目标制定的、有目的有计划举行的一系列促进招展、招商和建立会展形象的宣传推广活动。展会宣传推广计划可将多种宣传推广方式组合安排，从而达成展会宣传目的并获得良好的效果。本章主要学习的展会宣传推广文案主要有展会宣传推广计划、展会广告文案、展会通讯等。

【学习目标】

　　1. 了解展会宣传推广计划的特点；

　　2. 掌握展会宣传推广计划的内容；

　　3. 了解会展广告媒体的选择；

　　4. 掌握会展广告文案的写作；

　　5. 掌握展会通讯的内容。

 【导入案例】

云南网与官网强力宣传南博会重要作用凸显

　　首届中国—南亚博览会的召开期间，南博会官网信息量达近 1500 条，各大媒体相关新闻报道量进一步攀升。云南网与官网强力宣传南博会，重要作用凸显。

　　展会期间，官方网站共刊载文字、图片、视频新闻百余篇，官网中文版和英文版影

响力与日俱增，南博会小组在此前基础上对中文版和英文版内容进行了强化工作。云南网推出《精彩南博会相约彩云南——首届南博会在昆明召开》专题，专题设计风格大气，涵盖内容全面，获得了网友的好评。此外，云南网继续加大对官网的宣传力度并不断丰富栏目内容，通过多个全国网管群面向全国宣传推广南博会官网中英文版，邀请专业人士提出改进意见。

系列新闻被转载百度新闻收录92100篇。自官网开通以来，云南网和南博会官网成为各大门户网站了解南博会的重要信息来源，获得了社会各界的广泛好评及全球网友的关注，成为各网络媒体竞相转载的目标，每天新增稿件平均超过5篇。截至南博会结束，使用百度搜索引擎检索关键词"南博会"，检索到相关网页422000个，新闻56700篇，与上期相比增加了18.2%和9.0%。其中重点稿件包括《首届南博会从即日起接受记者报名》《昆明主城四区道路综合整治工程按时完工》等。

云南网南博会"会中观会"专题推出随着南博会宣传的不断推进，云南网工作组设计制作的系列专题也在同步进行中，推出《精彩南博会相约彩云南——首届南博会在昆明召开》专题。该专题是云南网"会前迎会、会中看会、会后问会"系列专题的重头戏，由最新报道、高端访谈、会议指南、参展商风采、八方热议、网报精华、脑力激荡、国际面孔、资料库等栏目组成，力争勾勒出一幅南博会期间会场内外的全景画卷。其中，参展商风采、国际面孔栏目将全方位展示此次来昆参会的各国参展商及展品，让每个国家的独特风情都能够通过南博会向全国网友展现出来，凸显首届南博会的国际意义和区域重要性。

脑力激荡栏目将聚焦南博会期间的12项重要活动，通过各国政府官员、专家学者的"话语争锋"为未来中国和南亚如何进一步开展经济、社会、文化交流提供智力支撑。

论坛资料逐步完善官网编辑及时回复多国来信。随着南博会的临近，相关资料正在逐步完善中。在12项活动中，有4个论坛南亚智库论坛、南盟经贸高官会议、GMS经济走廊活动周、南亚商务论坛的资料得到进一步完善。通过在南博会英文版设立留言信箱，目前云南网南博会小组已收到孟加拉国、尼泊尔等国客商、专家以及记者的多封来信。来信内容多为询问如何报名参展、外媒记者采访如何办理手续等相关事宜，在得到组委会官方答复后已安排编辑对所有来信逐一答复，获得各国网友的一致好评和感谢。

（来源：云南网）

第一节　会展宣传推广方案

展会宣传推广计划是展会的整体宣传推广计划，它是展会策划和营销工作中的一个重要环节，对展会的发展有重要的影响，展会的招展宣传推广和招商宣传推广可以独立进行，也可以包含在展会整体宣传推广计划中。在展览业的实际操作中，展会招展宣传推广和展会招商宣传推广常常是按实际需要分别做计划，然后再与展会整体宣传推广进行综合协调，最后融入展会整体宣传推广计划里统一实施。

一、展会宣传推广计划的特点

展会宣传推广工作是展会的"导航器"，它对展会各方面都有重要的影响，很多客户是通过展会宣传推广才开始认识和了解展会的。鉴于展会宣传推广的重要性，在很多展会，办展机构都会指定专门的人员来负责展会的宣传推广工作。展会宣传推广是一项十分复杂的工作，它所肩负的任务多、工作量大。如果不了解它的特点，通常较难把握并容易出差错。一般来说，展会宣传推广具有以下一些特点：

1. 整体性

与展会招展宣传推广和展会招商宣传推广不同，展会宣传推广是有多重任务的，它是服务于整个展会的，是一种整体的宣传推广工作。展会宣传推广的任务主要有促进展会招展、促进展会招商、建立展会的良好形象和创造展会竞争优势、协助业务代表和代理机构顺利展开工作、指导内部员工如何对待客户等五个方面。展会宣传推广要处处注意展会的整体利益，不能因为要实现其中的某一个目标而妨碍其他目标的实现。

2. 阶段性

展会宣传推广的五个任务不是同时实现的，也不是在某一个时间段里集中实现的，它们是随着展会筹备工作的进展和展会的实际需要而分步骤和分阶段逐步实现的。所以，展会宣传的阶段性很强，展会发展到什么阶段就进行什么样的宣传推广工作，任务十分清晰和明确。

3. 计划性

展会宣传推广的任务多，阶段性强，这就要求在展会一开始筹备时就必须认真规划好展会的宣传推广工作，照顾到展会筹备工作各方面对宣传推广的需要，给展会筹备工作以强有力的、全方位的支持。

从本质上说，展会宣传推广是一种对服务的宣传。展览属于服务业的范畴，展会只是各种会展服务的一个有形载体，它本身对参展商和观众来说并无多大的意义；参展商和观众之所以要参加展会，是因为他们想得到展会提供的各种服务，如贸易成交、信息、展示等，如果他们享受不到这些服务，展会对参展商和观众来说就形同虚设。正是有了这些服务，展会才成为展会，企业才来参展，观众才来参观。所以，从本质上看，展会宣传推广是在宣传和推广展会的各种服务。

展会宣传推广是一种多媒体多渠道的宣传推广工作。各媒体和渠道的宣传推广安排，要求时间上要协调，口径上要统一，内容上要各有侧重，效果上要互相补充，只有

如此，展会宣传推广对展会发展的促进作用才最明显。

二、会展宣传推广的方式

会展宣传推广往往是将会展的招展宣传推广和招商宣传推广纳入会展宣传推广计划中，由负责宣传推广的部门来统一制定和实施。在会展活动过程中，会展各展位的营销活动在促进会展招展的同时也在宣传和推广会展。一般而言，通过刊登会展招展广告、进行网站宣传等方式，使接触到招展广告或点击网站宣传资料的受众了解相关的会展活动。所以，会展招展招商和会展宣传推广是直接相关联的。按会展宣传推广的方式，会展推广主要包括以下几个方面：

1. 新闻发布会

挖掘出会展的新闻价值，例如新车展就可以用清洁动力减少雾霾为新闻点，提高大众的关注度和办展价值。发掘出新闻价值之后应根据情况适时召开发布会，发布会可在会展之前召开，也可在会展中期或会展结束后召开。开幕之前的发布会以宣传为主，中期发布会以邀请记者进行现场采访为主，闭幕后的发布会以总结为主，也为下次会展活动打好基础。

2. 会展报道

有关会展活动的消息、报道、特写以及相关图片和评论等，人们可以在专业报纸杂志、网站、广播电视等媒体上看到。这类报道可算是一种隐形的广告，它在不经意间传达信息并易于被大众所接受。见诸媒体的会展报道大都是由会展主办人员撰写，也有的是记者或专业人士撰写，发表这类文章一般免费或费用较低，但效果较好。

3. 发布广告

会展可发布广告的地方很多，例如专业报纸杂志、大众媒体、网站户外媒介（如户外广告牌、交通工具等）、包装媒介等上面都可进行广告发布。无论通过何种渠道发布广告，都要遵循广告的基本要素，比如要有明确、突出的广告创意，体现新颖独特；广告口号要响亮有力。平面广告的正文最好图文并茂、生动具体，媒体广告最好既富有新意又合乎情理、耐人寻味。

4. 直接邮寄

直接邮寄是会展宣传推广常用的方式之一，办展机构将会展宣传单、会展说明、观众邀请函等各种会展宣传资料直接邮寄给客户。这一方式有很强的针对性，有较高的效率和明显的效果。

5. 公共关系

会展活动是参展商塑造形象、寻求商机的活动，是与公众进行信息交流从而感知需求。从感知需求进而了解市场，从了解市场进而完成交易的过程。它既是一个立体化的平台，也是一种多功能的营销手段，展商与公众双方在此实现了全方位、多方面的互动与沟通，使得产品的推介与销售、服务的推行与接受得以完成。因此，会展组织者要正确理解这几方的角色与关系，处理好与职能部门、专业机构、参展商、观众以及媒体的关系。有时在展览期间举办的各种活动如会议、比赛等也都是一种公关行为，会对协调好各方关系起到积极的作用。

6. 全面推广

一是面向国内外的办展机构、各行业协会和商会的推广。一些大型的国际展览会还面向国际组织、外国驻华机构、政府主管部门和合作机构进行形式多样的推广活动；也可在国内外各种同类会展上做宣传推广活动。二是会展有关工作人员对相关机构和重要客户的直接拜访，也可用电话、传真和 E-mail（电子邮件）等间接手段联络。这种推广方式能很好地联络与客户的感情，倾听客户的声音，也最能够和客户进行一对一的直接沟通。三是将宣传推广活动按照媒体和渠道的不同，分别制订各种具体执行计划，比如平面媒体推广计划，电台电视台媒体推广计划，网络、手机等新媒体推广计划等。

第二节　会展广告文案

一、会展广告的作用

广告是会展宣传的重要方式，也是吸引目标观众的主要手段之一。会展广告的范围可能覆盖已知的和未知的所有目标观众，可以将展出情况传达到直接联络所遗漏的目标观众，还可以加强直接联络的效果。这是覆盖面最广同时也是最昂贵的会展宣传手段，因此，对广告安排要严格控制。登广告要目标明确，根据需要、意图和实力安排，不要受竞争对手的影响，也不要完全听从广告公司的劝说。

广告预算决定广告规模，要根据需要和条件决定预算。如果经费充裕，可以多在几家报刊上反复登载广告；如果经费有限，则可集中力量在少数影响大、效果好的报刊上做广告。不少人错误地认为花钱越多，广告效果就越好，实际上广告开支与效果不一定成正比。选择合适的媒体才是降低成本、提高效率的最好办法。

广告的时间也需要安排。在一般情况下，不要将广告集中在展览前几天，而应该在3~4个月前就开始并持续刊登，时间间隔要事先安排好。连续刊登广告有利于加深客户的印象。美国专业调查显示，比起未登广告的展出者，在展前连续登6次整版广告的展出者要多吸引50%的参观者，登12次整版广告的展出者要多吸引100%的参观者。广告不仅可以安排在展览会之前，还可以安排在展览期间和展览之后。展后的广告主要是为了在客户心中建立持久的印象，促进实际成交量。

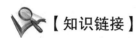【知识链接】

会展广告将以什么样的形式或内容出现在目标受众面前

要使会展广告发挥最好的作用，广告的形式或内容设计十分重要。一个好的会展广告设计要处理好创意、主题、文案、图画和技术五个方面的内容。

（1）创意：创意既是会展广告设计的基础，也是会展广告的艺术魅力、吸引力和感染力的源泉。一个创意好的会展广告不仅能使受众有愉悦的艺术享受，还可以给其以强烈的感染和感召，使其对广告内容印象深刻。广告创意的成败直接影响到会展广告的效果。不过，会展广告创意要根据会展的品牌形象和内展目标等来进行，有很强的目的性，不能天马行空地进行。

（2）主题：会展广告要有自己的主题，没有主题的会展广告就像没有主题的文章，给人的印象是杂乱无章。会展广告的主题来源于广告创意，是广告创意的表现。会展广告的主题必须明确，不能模糊不清。每则广告的主题都要唯一和突出，如果是系列广告，每则广告的主题之间要有一定的关联性和延续性。广告的主题要包含目的、承诺和利益等主要内容。

（3）文案：广告文案是用来表现广告创意和主题的文字内容部分，主要由三个部分组成：广告标题、口号和正文。广告标题是会展广告的题目，它概括或提示广告内容，好的广告标题必须与广告主题方向一致，并且言简意赅。口号又称广告语，是反映会展特征和会展品牌形象的宣传语句。正文是对广告内容和主题的具体文字说明，一般都很简短、层次分明和陈述清晰。

（4）图画：图画是广告内容的重要组成部分，它通过图片、线条和色彩及其组合来艺术地表现广告的创意和主题。好的图画及其组合不仅可以美化广告形式，突出广告主题和内容，还可以吸引受众注意力，给受众留下深刻印象。

（5）技术：不同的广告形式，其技术设计的重点和难点是不一样的。例如，平面广告的重点在版面布置和安排，电视广告的重点在画面和视觉效果，广告的技术设计要将广告的各种组成元素进行最佳组合，使广告尽可能地以理想的形式出现以取得最好的效果。

二、会展广告文案的写作

广告文案是已经定稿的广告作品的全部的语言文字部分。广告文案写作，是广告作品中全部的语言文字部分的写作，是写作者在广告运作目的的制约和支配下，进行广告作品、主题的提炼，材料的选择，结构的安排，方案部分与美术设计部分配合的过程。是写作者采用不同的语言排列组合、不同的表现方式表达广告主题，传达广告信息，以达到广告意图的过程。

广告文案不仅与作品之外的有关广告文本无关，也与广告作品中的语言文字以外的因素无关。广告文案不是单指广告正文或广告语，而是指广告作品中的所有的语言文字，它的内在构成包括广告标题、广告正文、广告口号（广告语）、广告附文以及广告准口号。

我们可以对广告文案写作的概念进行第一个层面上的界定。即，广告文案写作是对广告作品中的全部的语言文字的写作。文案撰稿人的业务内容是广告作品中的语言文字的写作，不包括作品中其他的构成部分，也不包括广告整体运作中的所有文本的形成。

广告文案写作范围包括广告作品中的所有的（除了产品包装本身存在的文字）语言文字部分。因此广告文案的所有构成部分，包括广告标题、广告正文、广告口号（广告语）、广告附文以至广告准 El 号，都是广告文案写作的内容和范围。具体写法如下：

1. 标题

标题是广告的题目，它的作用是揭示广告的内容，吸引读者的注意。因此，标题应当醒目、活泼。常用的标题形式有直接、间接和综合三种。

（1）直接标题。即直接以会展的名称作标题。这类标题开门见山，具有直接、明朗、确切的特点，如"第四届华南国际塑料工业展览会即将开展"。

（2）间接标题。在标题中不直接出现会展的名称，而是采用言情、喻理、双关、顶真、问答、标榜等耐人寻味的方式吸引读者的注意。如："规模巨大优惠多多"（岭南文化家园庆"五一"车展促销广告）；"品味健康生活"（"第11届上海国际茶文化节"的广告）。

（3）综合标题。综合直接标题和间接标题两者之长，既直接点出会展名称，又配以形象、抒情、哲理的语句，虚实结合，使标题别具一种吸引力。如：

"国际五金展刮起橙色旋风"；

"谁是新世纪最美的楼盘——第二届全国社区环境精品大赛"；

"给您一个赚钱的位置——第三届国际厨卫电气展招展"。

2. 正文

正文是对标题的具体阐释，是充分表现广告主题的部分。正文的写法有陈述式和感染式。正文的写法要同标题的写法风格一致。

（1）陈述式。即不讲究表达技巧，注重用准确、平实的语言介绍会展的内容。不讲究表达技巧的同时，一定要注意抓住会展内容重点，体现会展特色。发布在报刊、网络上的会展广告多用陈述式。

（2）感染式。讲究表达艺术，采用文学手法，可采用问答体、诗歌体、幽默体等。多用于会展的招贴广告。

3. 广告语

广告语，又叫广告口号、广告词，它是能够传达广告物形象信息的最有鼓动性和感染力的语句。典型的广告语如：

"味道好极了"——雀巢咖啡；

"喜欢上海的理由"——力波啤酒；

"不要太潇洒"——杉杉西服。

广告语同广告标题有联系也有区别：广告标题可以经常改变，广告语一般是相对固定不变的；广告标题需要概括或暗示广告内容，广告语不受此限制；广告标题位置固定在文稿正文上方，广告语没有固定的位置。

由于会展广告的特殊性，较少采用广告语。

4.广告附文

广告附文是广告正文之后，对那些需要参展或参观的读者提供的进一步信息，一般包括广告主或联系人称谓、通信地址、联系方法、开户银行和账号等。

广告附文虽不是广告的主要内容，却是目标读者十分关心的内容，也是广告的经济价值所在，因此，写作时必须全力以赴，以使广告尽善尽美。

三、写作会展广告需要注意的问题

1.内容简洁、清楚、准确、通俗是关键

阅看广告的人只关心事实，因此，广告用语一定要简洁明了。广告用语要讲究措辞恰当，但是，切不可过于修饰。广告对象不是语言学专家，广告所表达的内容要使一般的读者能立即领会。

2.广告内容要吸引观众的注意和兴趣

仅仅刊登公司名称、联络地址、展出目的、展出产品还不够，写作者必须强调产品的特性、适合哪些需求、为使用者带来的益处等，要有承诺。如果可能，要在广告中提及展出者在当地的代理或代表，并注明有兴趣者可以索取更详细的信息。

3.广告要有规模重质量

广告要有一定规模，可以相对集中做，即次数可以少些但容量可以大些（报刊的大版面、电视电台的长时间），这样做比分散做效果好。时间短、版面小往往被人忽略，效果不佳。对广告质量最有影响的人是广告设计师、撰稿人，他们可能不太在乎广告公司的盈利，他们最关心的是他们作品的质量，与他们建立良好的关系，可能会促使他们下功夫制作出高质量的广告。刊登可以使用代理，代理有专业技术和经验，可以协调广告安排，并且报价可能比直接的媒体报价低。展览会所在地的广告代理比展出者所在地的代理要好，展出地代理熟悉展出地的新闻媒体，与之有更近的关系，并熟悉当地的广告文化和效果。

第三节　展会通讯

在展会的筹备阶段，展会的目标参展商和目标观众往往很想了解展会的筹备进展情

况如何。例如，展会的目标参展商希望了解展会将会邀请什么样的专业观众到会参观；展会的目标观众则希望知道有哪些企业带着什么样的产品来参展；国外的客户希望知道当地的市场状况。他们对这些信息的了解程度，将在很大程度上影响到他们做出是否参展或参观的最终决定。如果上述信息不能及时传递到他们手中，展会可能因此而失去大批客户。如何才能将上述信息及时准确地传递到上述客户手中呢？制作展会通讯是解决这一问题的常用手段。

一、展会通讯的含义

展会通讯是办展机构根据展会的实际需要编写的、用来向展会的目标客户通报展会有关情况的一种宣传资料。它常常是一本小册子，或者是一份小小的报纸。

展会通讯编印出来以后，办展机构就以直接邮寄的方式及时地将它邮寄给其目标客户（即展会的目标参展商和目标观众），或者通过电子邮件发送给其目标客户，并在展会的专门网站上发布。

展会通讯的邮寄有赖于展会目标观众数据库和目标参展商数据库的建立和完善。如果没有这两个数据库，展会通讯的邮寄就会出现困难。

二、展会通讯的作用

办展机构要及时编制和向目标客户直接邮寄展会通讯。展会通讯有以下五个方面的重要作用：

1. 它可以及时准确地向展会的目标客户传递展会的有关信息，与目标客户保持经常的联络和信息沟通。

2. 它可以扩大展会宣传推广的范围和渠道，建立展会的良好形象。展会通讯一般是通过直接邮寄向目标客户发送，针对性非常强，效率很高，宣传效果明显。

3. 它可以促进展会招展。展会通讯里有关当地市场和展会招商内容的通报，往往能对促进企业参展产生积极的作用，面对已经参展的行业知名企业的通报则能对其他企业参展产生积极的示范作用。

4. 它可以促进展会招商。通过展会通讯，及时地告诉展会的目标观众有哪些企业已经参展，展会将展示哪些产品，有哪些新产品将在展会上首次亮相，这对吸引观众到会参观有较大的帮助。

5. 它可以为展会目标客户提供良好的信息服务。展会通讯的内容往往不仅仅只包括展会的有关情况，它常常还包括展会展览题材所在行业的国内外市场信息和行业动态。

三、展会通讯的内容

展会通讯要想切实地起到上述作用，就必须包含较为实用和丰富的内容，否则，展会通讯将只流于形式，不会受到展会目标客户的欢迎，也起不到其应有的作用。一般来

说，展会通讯要包含以下内容：

1. 展会的基本内容

包括展会的名称、举办时间和地点、办展机构、展会的 LOGO、本展会的特点和优势等。如果展会已经举办过几届，则本部分的内容有时候还包括上届展会的总结和展览现场的有关图片。

2. 展会展览题材所在行业的市场信息和行业动态

不仅包括国内外同类展会的情况，还要包括本展会展览题材所在行业的国内外市场状况、行业动态和发展趋势等。

3. 展会招展情况通报

除了通报所有参展企业名单等，一般还会重点通报一些行业知名企业的参展情况。

4. 展会招商情况通报

包括招商的渠道、招商宣传推广、招商措施和招商效果等。

5. 展会宣传推广情况通报

包括各种宣传推广渠道、办法和时间安排，用以增强客户参展和观众参观的信心。

6. 展会期间举办的相关活动情况的通报

它告诉目标客户展会期间将举办一些什么样的相关活动，如专业研讨会、产品发布会等，以方便客户提前安排时间，做好参与该活动的计划与准备。

7. 参展（参观）回执表

包括参展（参观）申请人的单位名称、地址、联系人、联系办法、参展（或感兴趣的）产品介绍、办展机构的联系办法和联系人等。参展（参观）回执表的目的在于方便客户及时反馈其参展（参观）的信息。

展会通讯一般是分期编印，但并不是每一期的展会通讯都必须包含上述内容。根据展会进展的实际需要，展会通讯的编印具有一定的阶段性。例如，在展会筹备的初期，展会通讯的主要作用在于向目标客户传递展会信息，扩大宣传，促进展会招展，因此，展会通讯的内容也要偏重于能促进展会招展的有关信息；在展会筹备的中后期，除了继续促进展会招展以外，展会通讯的主要作用在于与目标客户保持经常的联络和信息沟通，提供信息服务，促进展会招商，因此，展会通讯的内容也就要偏重于能促进展会招商的有关信息；在展会已经成功举办并开始筹办下一届展会时，展会通讯里就必须包含有对上一届展会进行总结的内容。所以，展会通讯的内容不是一成不变的，它是随着展会筹备进展的需要而不断调整的。

四、展会通讯的写作要求

展会通讯通过直接邮寄发送到目标客户并对他们的参展（参观）决策产生影响，为此，必须要促使客户在拿到展会通讯时愿意看、能够看，否则，展会通讯即使是邮寄到客户手中，客户也会将它当作垃圾宣传物一样扔掉，这样一来，展会通讯就起不到任何作用。因此，在编印展会通讯时，我们要做到：

1. 具有知识性、时尚性和趣味性

展会通讯的内容切忌死板，对于各种信息的提供不要像记流水账，让人读起来索然无味。展会通讯要富有趣味性，让人读起来不会味同嚼蜡。尽管展会通讯是为展会服务的，但展会通讯的内容不能只局限在有关展会的信息上，还必须及时传递相关行业的动态和市场方面的信息，使客户在接受行业动态和市场信息时了解展会。

2. 外观美观大方

展会通讯的制作要符合展会的定位和档次，外观看起来要赏心悦目、美观大方，整体版式设计要便于邮寄，文字字体和编排要便于阅读。

3. 内容短小精悍，信息真实可靠

展会通讯里的各种文章不宜冗长，内容要简洁流畅，短小精悍，所传递的各种信息要经得起推敲，要做到真实可靠。在国外，很多展会都编印展会通讯。而目前国内办展机构在筹办展会时，编印展会通讯的还不太多，很多办展机构还没有充分认识到展会通讯的重要作用。其实，编印展会通讯的成本并不高，尤其在如今电子商务如此发达的时代，如果通过网站或者电子邮件发送展会通讯，编印展会通讯的成本将更低。在实际操作中，展会通讯不仅是展会直接营销的有力武器，也是扩大展会宣传推广、促进展会招展和招商的重要手段。作用大、成本低、效果明显，真可谓一举数得。

第四节　媒体策略方案

会展的运作要受到多方因素的影响与制约，其中，制定有效的媒体策略，提高会展活动的知名度、美誉度，对会展业的发展至关重要。而媒体策略是否有效，即能否有效地与大众传播媒介沟通并与之保持良好的关系就非常关键，因为这将在很大程度上决定着会展活动的质量和效果。

一、媒体的特点

近年来，新兴媒体作为媒体阵营中的新势力得以迅速崛起，它呈现出与传统媒体不同的特点。了解媒体包括传统媒体和新兴媒体的特点，是做好媒体策划的前提，下面我们分别来谈。

1. 传统媒体

电视、广播、报纸杂志是信息传播最常用的媒体，习惯上被称为传统媒体。其特点如下：

（1）权威性。传统媒体无论是电台、电视台、报社还是杂志社，都是一级正规单位，有完整的组织机构，从业人员都是职业化的媒体工作者，能够把握传播事业的本质

和内在规律。传统媒体有良好的自我把关传统，形成了成熟的阅评制度，报道的事后追惩制度也较健全，他们所采编播发的信息也是经过国家宣传部门审查，符合法律法规和政策要求的，其内容在很大程度上体现政府的意志，发挥着舆论导向的作用，兼具教育大众的功能。多年来，传统媒体已发展出成熟的传播理念，能够相对自觉地遵守职业和社会规范。由于以上原因，传统媒体报道的内容在受众眼里就具有不容置疑的权威性。

（2）严肃性。传统媒体分担了更多的社会责任感，在宣扬真善美的同时也关注假丑恶。无论正面还是负面，传统媒体在做报道时，均秉持真实、客观、中立原则，语言规范，态度严肃。它传播信息的出发点是站在公义和良知的立场上。注重发挥媒体的宣传和教育作用，虽然近些年来，受娱乐化风气的影响，传统媒体也不再总是板起面孔的样子，但是严肃性仍然是传统媒体很重要的特点，它在新闻报道、信息传播、文化建设中发挥着正面而稳定的作用，是国家、党和政府精神文明建设的主阵地。

（3）可信度高。正是由于传统媒体具有权威性和严肃性，才使得它具有较高的可信度，特别是对于时政、国际要闻、大型社会活动的报道；由于传统媒体的新闻来源可靠，采编规范，所以报道具有极高的可信度。一般而言，关于经济社会生活中的政策调整、体制变革的消息，老百姓都是通过传统媒体来了解的，所以传统媒体是老百姓了解国内大事和国际要闻的主要渠道。另一方面，据统计，人们对媒体可信度的评价与他们的媒体接触频度有很大关系，人们一般认为他们喜欢的媒体是最可信的。综合各个年龄段来说，传统媒体仍然是人们最常使用、最喜欢的媒体。大量研究都显示，电视作为人们最为依赖的信息源被认为是最可信的。

（4）针对性。不同的电台、电视台、报纸杂志大多在内容上做了划分，分节目分专栏，面向特定受众，有较强的针对性。例如，中央电视台共分了综合、财经、综艺、中文国际、体育、电影、农业军事、电视剧、纪录、科学教育、戏曲、法制、新闻、少儿、音乐15个频道，观众可根据爱好和需要进行选择，进而形成特定的受众群。再如随着汽车的普及，针对驾车者的需要，各地交通电台发展很快，很受欢迎。所以，针对性就体现在媒体培养了特定观众，特定观众又成就了各种媒体。

（5）系统性。传统媒体的节目和信息内容都具有自己的风格特色，这是在一个相对长的过程中逐渐形成和发展起来的。其所呈现的内容大都完整、系统，能够满足传统社会读者深阅读、慢阅读、泛阅读的要求。例如，报纸上就一些社会热点问题所做的系列报道，就是通过多层次、多角度、长时段的连续报道，使读者能够对一个社会现象或热点问题形成更全面、更深入、更系统的认识。再如杂志，由于分期分栏目，它可以就某一国家或地区的人文自然景观，以图文并茂的形式分多期在其所设的旅游栏目中进行介绍，从而让人们对该国或地区的旅游资源有一个全面系统的认识。所以，从可呈现的内容来看，传统媒体更具有系统性的特点。

2. 新兴媒体

（1）互动。新兴媒体改变了传统媒体"一对多"的传播方式，转而成为"多对多"

的对话形式，内容在媒体和用户之间双向传播，用户能够参与到信息的过程，形成了真正意义上的交流和互动。这种传播方式下，用户接收到的不再是单一的、不完整的信息，传播过程也更加人性化，表现出新兴媒体浓厚的人文关怀。同时，这种对话形式的兴起，也拓宽了传统媒体的传播空间，使得传播方式更加多元化。

（2）公开。大部分的新兴媒体都没有或只有很低的进入门槛，用户免费使用新兴媒体发表评论、分享信息、交流互动，每个人都可以自由发表言论，任何言论也都有机会被大众关注和传播。这在一定程度上促进了社会信息的公开和透明，但也滋生了一些虚假、偏激、误传、片面的信息内容。新兴媒体模糊了媒体和受众之间的界限，激发了感兴趣的群体主动参与信息的贡献和反馈，用户作为信息的接受者、传播者，甚至是活动的发起者，能够更好地主动地参与到信息传播的过程中，在公开自由的环境中表达自己的观点，表达作为用户对某些商品和服务的体验。

（3）高效。一般情况下，传统媒体由于其信息采用播出形式，内容由媒体向受众单方面流动，常常需要几天、几周、几个月的制作时间，有限的反馈则需要更多的时间。而新兴媒体因为更倾向轻薄短小的图文发布，所以制作时间减少至一天、几小时、几分钟。另一方面，由于网络技术的迅猛发展和移动终端的广泛普及，用户几乎可以随时随地发布状态、浏览和传播信息，使得信息的传递更加实时、高效。

（4）社区化。使用新兴媒体，对某一主题感兴趣的用户可以自主贡献信息，发起相关活动，以此吸引更多"志同道合"的用户群体参与反馈交流。人们迅速聚集，很快地形成一个个以美食、摄影、追星等共同兴趣为主题的社区，彼此进行充分的交流与互动。美国学者唐·泰普斯特在《数字化成长——网络时代的成长》一书中指出，"virtual community"的意义在于"为网络衍生出来的社会群聚现象，也就是一定规模的人们，以充沛的感情进行某种程度的公开的讨论，在网络空间形成的个人关系网络"。随着交流的深入，这种线上的亲密关系还有可能延续到线下。

（5）连通性。新兴媒体具有强大的连通性，即通过链接和整合，将多种媒体融合到一起。从长远看，这种融合将有利于形成新闻信息的推送平台、海量资源的开放平台和移动媒体的出版平台，最终将制造商、运营商及服务提供商连为一体；将微博、微信、互联网、手机无缝连接起来，从而跨越多市场领域和多个地域，让用户体会最佳的连接体验。

二、媒体在会展活动中的作用

媒体包括电视、广播、报纸、期刊等传统媒体，也包括微博、博客、百度（维基百科）、播客、论坛、网络社区等新兴媒体。传统媒体的概念容易理解，而对作为一种新的传播形式的新兴媒体，很多人并不太熟悉。所谓新兴媒体是指参与性、交互性很强的公开开放的网络媒介平台，例如微博、微信、网上论坛、社区等。概而言之，无论传统媒体还是新兴媒体，在会展活动中都主要起到宣传和反馈两大作用。

一方面，借助媒体扩大会展的认知度和曝光度，更好地开展品牌及产品的营销推广活动；另一方面，可以更加方便准确地收集到客户反馈信息，管理完善会展组织与客户的关系。具体而言，媒体的作用主要表现在以下几个方面：

1. 提供信息发布平台

电视、广播、报纸、期刊和新兴媒体都是信息发布的有效平台。通过在媒体上报道会展活动的相关信息，可以迅速引起社会大众的注意，起到很好的宣传作用。当然在信息爆炸的现代社会，生活节奏和信息更新速度日益加快，人们越来越没有耐心阅读大段文字。信息发布时要考虑到人们的这种需求特点，注意信息的长度，保证其简明性，若是在网络上还要做到更新及时。

会展活动可以利用媒体作为信息发布平台，传递产品和服务信息，充分发挥其易被接受和扩散的优点，广泛传播产品和服务信息，发掘潜在客户，形成有效的信息传递和营销推广。另外，会展组织也可以利用新兴媒体的实时性和连通性，在发布消息的同时加上链接，增加会展活动的曝光度，提升会展组织网站的浏览量。

2. 扩大影响力

媒体有助于会展组织树立和维护品牌形象，提升会展活动的知名度。特别是互联网通信技术和手机的快速发展与普及，使得新兴媒体蓬勃兴起。由于新兴媒体充分鼓励用户参与传播和分享信息，因此一则信息往往会经历一系列的连锁反应。客户在会展活动中获得美好的体验之后，往往乐于将自己所见所闻、所感所想与周围的人分享。而这种分享不是传统媒体广告生硬呆板的单方面信息传递，而是把身边值得信赖的亲朋好友作为第三方，给予真实体验的传达，往往使人更容易接受而不会产生怀疑和抵触心理。因此，媒体是会展组织口碑传播、扩大影响力的一个有效途径，能够为会展组织树立品牌形象，提升会展组织的知名度。

当然，由于媒体（特别是新兴媒体）的扩大效应，其负面影响也是必然存在的。一旦会展组织的产品、服务等方面稍有疏忽，就有可能经过新兴媒体的扩大效应引起"围观"，对会展品牌及活动的声誉造成破坏。这就要求会展组织在将媒体为我所用的同时，严格要求和规范自身产品和服务，避免"一着不慎满盘皆输"的情况发生。

3. 获得真实反馈，维系客户关系

在传统媒体中，会展组织通过满意度调查、投诉处理等方式获取客户反馈，但与客户的互动很难进行，反馈渠道单一，所获得的信息真实性有较大局限。在新兴媒体中，由于具备良好的互动共享性，会展组织就可以利用这一点，更加及时真实地获得客户反馈。两者配合使用，就能了解客户的真实需求和预期、解答客户的问题和疑虑、评估产品和服务的经验教训，从而把与客户的关系维系好、管理好。

4. 及时进行危机管理

会展组织在运营过程中无法避免会遇到突发危机事件，在如今网络技术迅猛发展、移动终端广泛普及的形势下，负面消息一经发布，往往以病毒式的速度迅速传播。面对

危机，会展组织不能采取躲避、掩盖的态度，因为在现代媒体传播体制下，信息被前所未有地透明化、公开化，躲避掩盖只会欲盖弥彰，使事态雪上加霜，将自己陷入不义的境地，从而使不利消息的影响面进一步扩大，甚至引发种种谣言。当出现突发危机事件后，会展组织应利用电视、广播、网站第一时间向公众披露真相，解释原因。只有不回避、不掩盖，实事求是面对危机和困难，才能争取公众的谅解与支持，也才能及时有效地化解危机，变被动为主动。

媒体，尤其是新兴媒体，因其实时性、亲和力和日益强大的影响力，能够很好地适应会展组织在应对危机事件时真诚沟通、把握时机的要求。同时，会展组织可利用各种媒体迅速对事件进行反应和追踪，从而掌握对外发布信息的主动权和对事件的控制权。

三、媒体策略方案

会展媒体策略就是作为传播主体的会展运营组织为了实现会展目标，针对媒体所做的设计和策划。媒体策略的意义在于更好地发挥媒体在会展活动中的作用，促进会展目标的实现。在一个会展中，新闻媒体的地位非常特殊，它扮演着双重角色。一方面，媒体组织本身是会展外部公众，对会展信息有着客观需求；另一方面，媒体组织也是向社会公众广泛传播会展信息，影响公众对会展活动态度及行为的重要中介。良好的媒体关系不仅可以帮助会展运营组织有效地传播会展信息，扩大会展活动的社会影响，还能够在遭遇危机事件时尽量提供正面信息，减少负面信息的不良影响，为会展组织挽回声誉，减少损失。总之，对会展运营商而言，制定积极的媒体策略，可以加速会展资讯传播，扩大执行项目宣传，提高会展企业知名度和声誉，从而吸引更多的知名企业参展，促进自身与知名企业合作，使会展运营商和参展商最大限度地实现"双赢"。因此，协调和维护媒体关系，最大限度地利用新闻媒体为会展活动服务，是现代会展业良性发展的重要条件。

会展媒体策略作为会展运营的重要环节，涉及会展媒体前期策划、媒体策略中期实施和媒体策略后期评价三个方面。

1. 会展媒体前期策划

会展媒体前期策划是指在会展活动开始之前，会展工作人员在充分调查研究的基础上对媒体活动进行整体的谋划和设计，并完成前期的准备工作。前期策划工作主要包括：媒体资料准备、媒体对象选择与使用、设立媒体服务以及会展宣传推广机构。

（1）媒体资料准备。对媒体机构和媒体工作人员的资料进行精心的分类整理，有助于提高交流沟通的效率，同时也为会展的再次举行打下良好的基础。媒体关系资料库应包括媒体机构分类目录、媒体机构内部主要人员资料及通信录、媒体人员参与会展宣传的历史资料等。对媒体关系资料库应经常性检查、补充、更新，以确保资料库的准确性和时效性。

（2）媒体对象选择与使用。根据会展的内容与性质选择最合适的大众媒体，并充分

研究目标媒体的特点，以便最大限度地满足会展的要求。一般来说，会展内容针对年轻人的，媒体的选择主要考虑新兴媒体；如果会展内容是针对中老年人的，媒体的选择主要考虑传统媒体。选择媒体主要看媒体的面向对象，如果媒体的对象是展出者的目标观众，那这媒体便是合适的。如果是消费性质的展出，可以选择大众传媒，包括大众报刊、电视、电台，人流集中地的招贴、旗帜等；如果是专业性质的贸易展出，就要选择使用生产和流通领域里针对目标观众的专业媒体，包括专业报刊、内部刊物、展览刊物等。现对媒体对象的选择与使用作一比较分析：

①大众媒体选择。大众媒体面向大多数人，覆盖面大。它的影响力是其他媒体所不能及的，当然费用也是最高的。

电视。电视是覆盖面最广的媒体，其主体对象是广大普通观众，因此，消费性质的展出可以使用电视。另外，普通观众一般不会长途跋涉参观展览，因此，没有必要使用国际或国家电视台，使用地方电视台即可。由于现在电视频道太多，除新闻时段、专业频道和特色栏目以外，难以锁定观众群，所以需要广告有一定的密集度轮播。又由于电视费用通常很高。使用电视做广告的多是展览会的组织者和大的展出者，中小展出者使用电视做广告的情况并不多。

电台。现在使用收音机的人很少，一般在车上收听电台的情况比较普遍。车辆中除运营车辆外全天在开的车不多，上下班时段是电台收听高峰期，所以投放时段是要重点考虑的因素。

网络。由于计算机网络的快速发展，在国际互联网上做主页、登广告的情况越来越普遍。利用计算机网络做广告的费用相当低廉，覆盖面却非常广，前景较好。但计算机网络广告也有弱点：一是网络信息太多，人称"信息的海洋"，信息被淹没的可能性很大；二是当前中国网民呈年轻化特点，大多数年轻人事业尚未成功，消费水平不高，展出的产品或服务或许超出了他们的消费能力。如果目标客户不是针对年轻网民，那广告的效果就要打折扣；三是有调查显示，权力越大的目标观众，使用计算机的可能性越小，因此最重要的目标观众不一定能通过网络获得信息。

综合性报刊。综合性报刊是向广大消费者传达信息的理想途径，但是费用一般也很高，只适合于展览会的组织者和生产销售消费品的大公司。针对消费者的广告一定要注重质量，因为现在的消费者经常处于广告轰炸之下，不精美、无新意、少特性的广告不容易引起消费者的注意。

报纸。如今全国性和地方性的报纸很多。针对终端消费者的会展广告，地方性报纸较有优势；而针对经销商这一群体的会展广告，则是全国性的行业报纸有优势。而且在所选择的报纸中，哪个版面的读者最多，哪些版面的读者更可能成为会展的潜在客户等问题，也需要考虑在内。

②专业媒体选择。专业媒体是指生产、流通领域的专业报纸和杂志，它是贸易展出者做广告的主要选择。

专业报刊。专业报刊瞄准特定的读者群体，如果与展出者的目标观众一致，就可以选择刊登广告，效果应当很好，而且费用比大众媒体低。专业报刊有时会作为专业贸易展览会的组织者之一，在这类报刊上刊登广告效果也很好。但是，并不是所有专业报刊都有同样的广告效果，某一专业领域往往会有数家报刊，如果预算有限，就要选择影响最大的专业报刊刊登广告，如果预算充足，可以选择几家刊登广告。客户可能阅读数种刊物，交叉使用行业内的不同刊物刊登广告可以加深客户印象。

内部刊物。内部刊物是政府有关部门、贸促机构、工商会、行业协会等内部发行的报纸、杂志。发行对象多是特定的专业读者，适合展出者刊登广告。在内部刊物上刊登广告的优点是读者专、收费低、效果好。缺点是覆盖面往往不够理想。如果展出者与内部刊物有长期合作关系，可以在做广告的同时安排新闻性质的报道，以增强宣传的可信性。

展览会专刊。有些报刊为展览会编印专刊，可以利用专刊做新闻宣传并刊效果常常不好，展出者要认真选择使用。尤其是对地方报刊和知名度不高的报刊所做的展览会专刊要持慎重态度，相比之下，主要报刊的展览会专刊可信度比较高一些。

③户外广告方式的选择。户外广告成本相对较低，效果却不错。因为它能够制造一种氛围，使人感受到展览会的宣传攻势。

海报。海报或称招贴，是广告的一种形式。海报一般难以瞄准某一行业的人员，因此比较适合面向大众的宣传，适合宣传消费性质的展出。如果在专业人员积聚地区张贴海报，可以做专业宣传。张贴海报要注意时间、地点等管理规定和手续。海报多由展览会组织者或大公司使用，从机场、车站、市中心沿路一直贴到展览会场甚至展台。

广告牌。广告牌是广告的一种形式。广告牌分场外广告牌和场内广告牌。场外的广告牌主要用于吸引、激发参观兴趣，其主要作用不是推销而是吸引观众参观展台。有些专家建议使用一个大广告牌吸引观众的注意和兴趣，使用多个小广告牌引导观众走向展台。如果这些广告牌能引导参观者形成流向就更理想。关于广告牌的作用，不同的人持有不同的观点，有一些人认为作用不大，除非大批量地使用，造成铺天盖地的声势，少量使用则效果一般不好，不如不用。

广告条幅。国内的展览会组织者似乎喜欢使用数量众多、颜色缤纷的广告条幅悬挂在展馆建筑物上，花花绿绿的广告条幅可以制造出热闹的气氛。在展馆内从顶部悬挂到展台上的广告条幅或者矗立在展台之上的广告牌，对已步入展馆的参观者来说来说，这是吸引其注意力并引导其走向展台的一种好方式。在展览会场使用很多广告条幅的做法可能是中国的特色。

总之，不论是海报、广告牌或条幅，这些户外广告投放要注意有效分布。不能集中在某处或某一条道路上，尤其是当展馆地处偏远时，不能只集中在展馆周围，分散分布在各路口地段才好，因为这样可以让更多人看到。

④其他的广告方式

使用报刊广告的一种选择方案是夹页，即在展览会前夕，在重点刊物中设广告夹页。其优势是：夹页往往比正页更能吸引注意，可以刊登丰富的信息和照片，印刷质量也容易控制，而印刷质量会给人留下印象。夹页广告上可以印有参观邀请，参观者可以剪下使用。室外广告的手段有横幅、彩球等很多种，甚至有展出者租用飞机拖上横幅在展览会所在地上空飞来飞去。这些方式一般适用于针对公众的消费品展览会或大型庙会。

另一方面，作为媒体自有一种新闻敏感，媒体工作人员也会主动寻找线索并根据自己的需要来进行报道。因此，作为会展方还应该熟悉目标媒体的编辑意图，配合媒体工作进度，提供他们所不能获取的新闻素材。关注和了解媒体喜欢采用的新闻种类，为媒体人员开展工作创造良好的条件。

（3）设立媒体服务机构。有条件的可以考虑筹备会展新闻中心，包括设立现场新闻中心站和设立网络在线新闻中心。现场新闻中心是在会展现场开辟的专供媒体参加新闻发布会、采访、发稿的场所，应配备电脑、传真机、写字台、纸笔等必要设施以及会展相关资料，以便工作人员与记者及时挖掘会展中具有新闻价值的消息，及时撰写发布新闻。在线新闻中心则是展前建立的专门网站，全面快捷地反映会展动态、提供会展资料、报道会展信息，并通过这一网站平台，为参加会展的各方媒体提供良好的服务。

（4）会展宣传推广。为搞好会展前期宣传工作，可以策划多种公关活动，其中与媒体关系密切的包括拍摄与会展相关的影像纪录片并在媒体上播放、通过媒体开展规模不一的志愿者招募工作、邀请媒体参观会展活动现场等。筹备新闻发布会或记者招待会可以看作是会展开始前更为正式的一项公关活动，这里除了日程上的设计与安排之外，还要准备好媒体资料袋；一个完整的资料袋应包括媒体发布材料或新闻稿、会展背景故事、现场发言稿或演讲稿、照片或图片、发布会流程说明及会展日程安排、出席人员资料等。

当然，会展前期宣传工作中最重要的莫过于广告的投放与造势了。前期宣传造势的硬广告投放能够塑造和推广品牌形象，拉动销售，甚至可以是一个很好的营销渠道。但把广告当作营销渠道来做是有前提的，那就是会展的产品或服务本身，以及会展的经营理念是以客户利益为中心的，广告只是把会展的好产品和服务的信息进行技术性传播。在这个前提下，去做广告才能真正达到会展前期宣传推广的目的。根据业界经验，做会展广告首先要对媒体或其他载体进行评估，这种评估可分为事前评估和事后评估，前者作为选择投放广告的依据，后者作为检验效果与修正做法的依据。

前文"媒体对象的选择与使用"中，笔者已对大众媒体、专业媒体、户外及其他广告媒体做了分析，由于媒体和区域不同，组织者还要对媒体的评估深入到实际中去，不能完全照搬别人的现成结论。目前，国内企业在对媒体进行评估或市场调查方面做得很少，普遍的做法是直接找所谓的强势媒体，在广告投放方面产生媒体依赖症。而国外一些企业则十分注重这方面的评估，如德国纽伦堡会展公司就对全球主要媒体进行深入调查，形成一组数据，"以广告主每投资 1 元的广告成本所带来的营收进行分析，其中'网络'广告以每投资 1 元产生 63 元的营收位居冠首，其他依序为报纸 23 元、杂志 18 元、电视 10 元、直销 9 元，广播以 8 元居末"。这组数据对我们有很高的参考价值，但仅凭此数据去投放广告是很不够的。只有对媒体做出精准的评估后，才能决定广告的投放。特别对媒体的发行量或覆盖率的评估要依据一定的客观数据，媒体也好吹牛，特别是广告代理商的宣传往往更离谱，总爱攻击他的同行。会展企业要靠自己去掌握数据，做法也简单，如对报纸在某地的发行量的调查，通过走访邮政部门、零售报摊、写字楼物业处、居民住宅小区物业处等地方了解情况，就能对当地的报纸发行量进行大致的评估。

在媒体的强势程度方面，发行量最大或覆盖率最广的媒体固然最好，但这类媒体的费用也是最高。一般建议会展企业也要关注同类媒体中的次媒体，就是居第二、第三位的这类媒体，要看它们之间的差距多大，性价比的高低差距多少。一条好广告在次媒体的发布，因此效果强过一条垃圾广告在强势媒体上的发布，这是会展企业投放广告的高难度高技术的要求。会展组织者千万不要有媒体依赖症，认为只要在最强势的媒体发布广告就高枕无忧了。

在中小会展企业的诸多宣传推广方式中，如广告、电话、活动、会议、网络等方式，客户的"生命周期"各有不同，广告客户的"生命周期"很短，通常是一周左右的时间，过后客户就不再对你的广告有兴趣了。因为这类客户关注媒体发布的资讯，而媒体资讯在不断更新中，新的资讯就可能再次吸引客户的注意力，影响客户之前的选择。因此，对广告客户的交易需要参展商线下的促销策略配合，尽量快速促成交易，也使会展广告投入得到参展商线下销售的回报。

广告投入的回报是许多会展企业都很在意的问题，特别是中小会展企业钱不多，业务开展不好，时时处在"等米下锅"或"不怕业务多就怕没人找"的境地，因此往往急于抓项目，急于扩大影响，急于拓宽渠道。渠道广开，成本自然增多，渠道没做精，企业负担就重。

广告本来就不是商业企业的专利，只是在做法上有所不同，商业企业线下布局范围广，它的广告策略可以是"推广品牌拉动销售"，而会展企业线下布局不足，广告策略就应该是"广告直接带动项目，靠项目培育品牌"。会展企业通过对媒体的精准评估，对策划好的广告进行精准投放，这样完全可以把广告做成促销渠道，最终形成并拥有一批企业会展项目，为会展公司的生存和发展打好基础。

2. 媒体策略中期实施

媒体策略中期实施是指会展活动举行期间，会展工作人员进一步执行具体的媒体策略，以实现会展传播的目标。配合媒体现场报道，策划组织相关活动以吸引媒体关注以及制造媒介事件，都是会展媒体活动中较常采用的策略。

媒体现场报道通常是会展方授权多家大型媒体进行报道，会展组织人员主要的工作是向媒体提供他们感兴趣的素材。无论是大型会议还是展览，包括一些知名度较高的大型节事活动，一般都会采取立体传播。根据不同媒体的特点和兴趣。向他们提供有价值的信息，在媒体上争取最高的曝光率，从而在全社会范围内吸引公众的眼球。这是这一阶段媒体公关的重要内容。

策划组织活动，与会展同时同地举办技术交流会、专业研讨会、产品发布会、行业会议及其他比赛或表演活动对于提高会展的"含金量"具有举足轻重的作用，但又不能"画蛇添足"或者"喧宾夺主"，所以，相关活动如何策划，使其与会展本身起到相得益彰的作用至关重要。国外高水平会展尤其注意相关活动的策划，高水平会展的策划应具备如下几个特点：活动的专业性及论题的前瞻性；活动主持者在业内具有权威性；活动在时间上精心安排，避免"撞车"或影响会展本身的进行；活动注意趣味性及互动参与性。

会展开展过程中同时举办的比赛或者具有娱乐性质的活动，如策划得当，可以为会展带来人气和树立良好声誉，特别是组织一日体验活动、有奖征文活动、纪实摄影比赛等，都不失为吸引公众与媒体的好办法。

积极策划媒体介入，使媒体不仅成为会展的报道者，更成为会展活动的参与者，比单纯地邀请媒体进行新闻报道更加行之有效，也更易为媒体所接受。

3.媒体策略后期评价

媒体策略后期评价是会展媒体策略中不可或缺的部分，是衡量会展媒体策划和执行策略是否行之有效的重要依据。从操作层面看，媒体策略的效果评估往往比广告效果评估更加困难。在国内，即便是广告效果评估也很少有企业进行规范的操作，媒体策略效果评估更没有科学的体系来指导。在会展媒体活动中，衡量效果的最终标准应该是媒体的报道是否有利于会展的举办、是否促成了会展活动的经济行为、是否扩大了会展的社会影响等。根据这一普遍标准，业界认为会展媒体策略评价应该包含确立评价标准、进行评价分析、保留评价记录和运用评价结果。

（1）确立评价标准。关键是要建立由若干具体指标构成的媒体策略评价参照系。有了参照系才能通过比较来检测计划与实施的结果。在会展媒体策略评价中。可以通过这样一些具体的指标来进行衡量：媒体覆盖率、报道内容正负比，报道所占版面比、发行量、各界反应等。具体地讲就是：新闻的覆盖率、目标受众到达率、新闻报道中正面报道与负面报道比、全面报道与摘要报道比、重点报道与一般报道比、报道的版面位置和播出时间的重要程度、媒体的层次与发行量的大小、网站的点击率、公众对会展的来电留言来信多少等。通过对这些指标的调查统计与分析，一定程度上可以真实反映会展媒体策略的效果。

（2）媒体策略评价分析。评价标准一经确立，即可根据评价标准展开调查、统计、分析。这一过程通常是授权专业的调查公司加以实施，在条件成熟的前提下，会展工作人员也可自行完成。一般来说，可以选择一定数量的受众和媒体人员进行市场调查，采用问卷、表格等方式，征求他们对指定问题的意见、态度、倾向，再做出统计和说明，分析会展活动的效果。针对媒体的调查，可以从媒体的角度看会展方与媒体的沟通是否顺畅，会展方是否给媒体带来利益、是否能将所有活动、信息准确无误地传达给媒体等；针对受众，可以从是否通过媒体宣传知晓会展、通过哪些媒体知晓、哪种媒体对受众知晓影响最大等因素进行调查。

（3）保留评价记录和运用评价结果。调查评价完成之后，应保留评价结果并对评价结果加以运用。评价结果往往综合多种形式来体现，承前启后，可以促进会展计划的改进，使之更趋于科学化。同时还可为以后再做媒体计划提供借鉴。在评价结束之后，应保留所有资料的副本，如将新闻报道，展览报道和广告中与媒体交叉促销的文件副本、记录等归入档案；保留所有印刷品、录像带、音像品和其他媒体资料的副本；按时间先后保存所有出版物的副本，包括广告、促销材料、媒体工具箱、公开发布的新信息等。此外从长期合作的角度出发，可以将媒体的知名度、覆盖率和帮助会展活动达到的效果反馈给媒体，保持畅通的沟通渠道，实现会展组织与媒体的经验共享。

 【复习思考题】

1. 会展广告媒体选择的原则是什么？
2. 网络作为大众媒体的优、缺点各是什么？
3. 在内部刊物刊登广告的优、缺点各是什么？
4. 广告文案写作的内容和范围包括哪些？
5. 仅从宣传推广的方式上看，展会宣传推广主要包括哪些形式？

 【案例分析】

第七届中国（湖北·武汉）国际汽车工业展览会广告策划案

第七届中国（湖北·武汉）国际汽车工业展览会（以下简称"国际汽车展"）在媒体宣传和户外广告宣传上，将充分总结上届的成功与不足，完善整体策划，扩大宣传氛围的营造，力争积累更多的市场运营经验，在形式上有更大突破。拟对第七届国际汽车展会前、会中、会后的宣传推进工作，提出如下方案：

一、广告、宣传宗旨：

（一）全面展示湖北省武汉市乃至中部地区汽车产业的发展水平。

（二）全力打造国际汽车展成为武汉乃至中部地区的品牌展会。

（三）大力宣传湖北武汉汽车产业优势，以及近年来的发展水平，更好地为招商引

资服务。

二、宣传要求：

（一）提升规格，争取领导。为了搞好本届国际汽车展的宣传工作，寻求省、市两级政府大力支持，由组委会综合部负责整个汽车展的宣传报道工作。

（二）形式多样，合力聚焦。通过消息、通讯、专访、答记者问、图片、公益广告等多种形式，集中聚焦，认真做好会前、会中、会后报道，形成强大舆论声势。

三、新闻宣传方案：

（一）宣传内容

1.湖北武汉汽车产业的发展成就及未来规划

2.本届国际汽车展的特色和亮点

3.本届国际汽车展筹备工作的跟踪报道

4.对本届国际汽车展的盛况以及花絮进行全面报道

5.对重点企业进行广泛深度报道

6.其他

（二）宣传计划

1.前期宣传：×年3月下旬至5月中旬，为会前宣传阶段，整个新闻宣传要逐步升温。本阶段主要介绍国际汽车展的基本情况。

2.中期宣传：×年5月下旬至8月下旬，为会中宣传阶段，整个新闻宣传要达到高潮。本阶段主要采取展开式报道，介绍本届国际汽车展的特色，筹备情况进度，并安排部分专访。

3.后期宣传：×年9月上旬直至展会结束，为会后宣传阶段，要做好总结及深度式报道。在筹备工作的基础上采用各种媒体平台全方位展开报道，特别是在展会前后，应该在主流媒体上出现关于此次国际汽车展的大幅宣传报道。

（三）媒体平台

1.本地媒体：湖北报业集团、《长江日报》《武汉晚报》《楚天都市报》、武汉电视台《武汉新闻》之前或之后推出30天倒计时标记。

2.全国性媒体：《国际商报》《经济日报》《中国工业报》《中国汽车报》等。

3.国内专业媒体；

4.网络媒体：国际汽车展官方网站及相关网站链接等。

四、广告投放方案：

（一）电视媒体

拟在湖北电视台、武汉电视台等进行宣传。（具体时段待定）

（二）户外媒体

大型路牌、灯杆道旗、立交桥桥柱灯箱广告、宣传海报、车贴宣传等

（三）平面媒体

《经济日报》《中国工业报》《国际商报》《湖北日报》《长江日报》《武汉晚报》《武汉晨报》《楚天都市报》《楚天金报》等

五、网络宣传手段：

（一）电子邮件群发

（二）与相关行业协会网站进行链接

（三）搜索引擎注册

（四）在相关专业网站上做专题报道

思考题：

1.请分析以上广告策划文案是否符合写作要求，并加以完善。

2.试分析宣传推广对展会成功举办的重要意义。

第 五 章

会展公关礼仪文案

 【本章导读】

从某种意义上来说，会展活动是一种交流和传播信息的平台，通过这一信息平台能够获得大量信息。同时，会展活动通过信息互动又会产生许多新的信息。本章通过介绍会展宣传公关礼仪文案写作，详细地介绍了会展消息、会展新闻发布稿、会展简报、会展致辞、邀请函、请柬和聘书、邀请函、请柬和聘书的撰写，通过这些可以较好地沟通会展信息的文案，发挥会展信息公关宣传作用。

【学习目标】

1. 了解各类会展新闻稿的含义、特点及类型；
2. 掌握各类会展新闻稿的结构和写作要求。

【导入案例】

第 4 届南博会 6 月 12 日开幕，聚焦"一带一路"产能合作

由中国商务部和云南省人民政府共同主办的第 4 届中国—南亚博览会暨第 24 届中国昆明进出口商品交易会将于 6 月 12 日开幕。本届南博会暨昆交会以"亲诚惠容、合作共赢"为主题，以促进中国特别是云南与南亚、东南亚及世界各国的经贸交流合作为宗旨，于 6 月 12 日至 17 日举办。会期较往届增加一天，12 日下午和 13 日专门安排了 1 天半的专业买家参展洽谈时间，6 月 14 日至 17 日向社会公众开放。

目前，来自五大洲的政府官员、商协会领袖、企业家、专家学者和国际组织代表将参加有关会期活动，确认到会嘉宾为3401人，其中国外嘉宾1811人，国内嘉宾1590人。

来自亚洲、欧洲、美洲、非洲、大洋洲的91个国家和地区参展参会；国内29个省（区、市）确认参展参会；参展企业约5000家，境外企业占50%左右。共有155家知名企业参展，比去年的87家增长78%。包括起亚、LG、富士康、华为、华润等13家世界500强企业参展，中国中车、海尔、百度、腾讯等10家国内500强企业参展，此外还有爱茉莉、福库、中国铁塔、大疆科技等海内外知名企业68家参展参会。

本届展会的展馆数量由上届的13个增至18个，展览面积由上届的13万平方米增至18万平方米，展位数达到8000个，为历届最高。围绕促进参展参会各方的经贸合作、推动经济社会发展的大局，本届南博会对展馆设置做出全新的安排：南亚馆从1个增至2个，东盟馆继续保持2个，进一步强化了展会的区域特色；新设国际产能合作馆，突出展示云南融入和服务国家"一带一路"倡议，努力与世界各国企业开展产能合作取得的丰硕成果；新设信息化及信息产业馆，为信息产业发展搭建国际平台；新设旅游产业馆、制造业馆和高原特色农业馆等，彰显云南的产业特色和优势。

其中，7号馆仍用于开幕式和主题国马尔代夫、主宾国越南的形象展示。这些场馆的设置，充分体现当代中国及南亚东南亚经济科技发展最新成果和趋势，同时结合南亚、东南亚各国特色和各场馆主题，精心设计展馆展区的空间布局，整体特装面积超过60%，其展示造型、版式、色彩和照明等，突出了展区展台的通透性和可观性，努力营造精彩和谐的展会环境。

第一节　会展消息

一、会展消息的含义

会展消息又称会展新闻报道，是用简洁明快的文字迅速及时反映新近发生的会展事件的一种新闻文体。会展消息一般由媒体记者采写，但也常常由会展主办机构供稿。

会展消息包含六项基本要素：何时（when）、何地（where）、何人（who）、何事（what）、何因（why）、何果（How）。有的新闻事件，暂时还无法弄清事件发生的原因，因此要提一句"原因正在调查之中"。

二、会展消息的特点

以事实为本。消息的本质特点是报道事实，没有事实就没有新闻。会展消息是对客

观、真实的会展事实的报道，必须用事实说话。这个事实就是会展活动中的人物、时间、地点、事件。会展消息中所展现的事实必须是真实的，经得起查验的，来不得半点虚假。同时作者在写作中，应当客观地展述事实，不能将作者的主观感受凌驾于客观事实之上，尽量少用甚至不用带有渲染性或夸张性的语句。

报道要及时。会展消息报道的对象都是刚刚发生或者正在发生的事实，也就是说，报道及时与否是决定会展消息新闻价值大小的重要因素之一。报道越快，消息的新闻价值就越大；反之，新闻价值越小。

三、会展消息的种类

会展消息按其写作特点可分成下面几种类型：

1. 动态消息

动态消息是对正在发生或新近发生的会展事实的动态报道。动态报道又可分成两类：一类是对刚刚发生的单独的会展事件的报道，如对某个会展活动整个过程的概括报道；另一类是对处于变动中的具有一定连续性的会展事件的报道，是这类事件发展中的一个阶段的反映。例如，昆明南亚博览会的举办，应当从开幕至闭幕进行全程的跟踪采访，连续发出多条消息，并且每一条消息都反映这次南亚博览会某一方面的发展态势。动态消息篇幅短小，语言简洁，传递迅速，着眼于会展事件的动态和结果，以叙述事实为主，一般不发表或少发表议论。

2. 综合消息

综合消息是综合反映带有全局性的情况、动向、经验、成就或者问题，在时间和空间范围以及内容跨度上都较大地报道。综合性消息写作要求作者全面掌握相关的材料，把发生在不同地区的具有类似性质的会展事实综合起来，从不同的侧面表达一个主题，做到点面结合、分析和综合结合、观点和材料结合。

3. 经验消息

经验消息是以报道经验为主的新闻，又称典型消息。在会展领域中，经验消息的任务是通过对一系列会展活动的报道，找出规律性的东西，以指导会展管理和提高会展组织水平的提高。这类消息的篇幅要比动态消息长，内容上要概括情况和成绩，叙述做法、总结经验、得出结论，同时还要恰当地说明这一经验的适用范围和局限性，以避免造成盲目搬用的倾向。

4. 简明消息

简明消息又称简讯、短讯或快讯，是会展消息中最简练、最短小、反应最快的一种体裁。

四、会展消息的结构和写法

1. 标题

会展信息发布稿的标题是为了方便立卷归档的，因此要写明发布会的名称，标题应当揭示会展事件的主要信息，做到既准确又生动。

消息标题的类型包括多行标题、双行标题和单行标题。

多行标题主要是由引题、正题和副题组成。有容量大、表现力强的特点。多行标题通常用于重大会展活动的消息报道。例如：

亲诚惠容、合作共赢

促进中国—南亚全面合作与发展　　　　　　　　　——引题

第 4 届中国—南亚博览会暨第 24 届中国昆明进出口商品交易会正式开幕 ——正题

中共中央政治局委员、国务院副总理汪洋出席开幕式　　——副题

双行标题主要是由引题和正题或正题和副题组成。两个标题一实一虚，其中实标题概括消息的主题，虚标题则阐发消息的意义或补充说明消息的结果。例如：

"变革·突破·合作　　　　　　　　　　　　　　——引题

中国智慧产业投资与发展论坛暨教育 4.0 模式践行与引领研讨会成功举行——正题

单行标题是以一行简洁明了的文字反映消息的主旨。例如：

"IC China 2016 新闻发布会在沪隆重举行"

消息标题的写作要求准确、生动。标题要求准确概括消息的内容，不能出现标题含混不清或引起歧义。标题要生动活泼，吸引读者。适当运用修辞手法、成语或典故，可让标题更加形象生动。

2. 正文

正文包括以下内容：

（1）导语。导语是消息开头第一段文字或是开头第一句话，用以概括消息中主要的事实或揭示主题，具有吸引读者、引导阅读的作用。导语写作要求简短生动，内容新鲜。例如：

由中国投资论坛、新加坡创新局主办，全球经济发展论坛控股集团、新加坡 DP1000 强、非洲亚洲发展合作组织、亚太商业联合会、联合承办的【第四届全球经济发展论坛"一带一路"新加坡峰会】于 2016 年 11 月 14~17 日在新加坡圣淘沙举办。

（2）主体。主体是消息的主干。主体应当承接导语，对导语所概括的内容展开具体阐述，从而进一步表现和深化消息的主题。消息主体的结构有以下几种类型：

倒金字塔结构。这种结构是把消息的高潮或结论放在最前面，然后按事实的重要程度递减的顺序来安排主体的结构，从大到小突出最重要最新鲜的事实。大部分消息写作都是采用这种结构。

金字塔结构。这种结构是完全按事实发生的时间顺序来写，便于对事件发展的各个

阶段作概括的描述和清晰的介绍。如果导语已经概括了主要事实，主体部分再按时间顺序表述，称为倒金字塔和金字塔相结合的结构。

并列式结构。这种结构也叫双塔式结构，如果消息报道的内容是由并列的几个方面组成，就可以采用这种结构方式。

逻辑顺序式结构。这种结构是将消息的内容按照事物的内在联系和逻辑层次安排主体部分的结构，或主次关系，或因果关系，或递进关系，或点面关系。

自由式结构。这种结构又称散文式结构，由作者根据内容表达的需要采用多种多样的方式组织材料，灵活安排结构，使之具有散文的特点。

（3）背景。它是消息所报道事件的历史和环境条件。背景可以帮助读者了解事件发生的来龙去脉、前因后果，有助于烘托和深化主题。背景可以独立构成一个自然段落，可以穿插在导语、主体或结尾中。

（4）结尾。它是收束消息的结语。消息写作是否需要结尾，如何结尾，要依据内容而定，可有可无。如果主体部分已经将主要事实交代清楚了，就不需要结尾。好的结尾能够深化主题，加深读者对全文的理解，进一步增强消息的可读性和感染力。

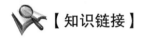【知识链接】

第四届全球经济发展论坛暨"一带一路"新加坡峰会

2016 年由中国投资论坛、新加坡创新局主办，全球经济发展论坛控股集团、新加坡 DP1000 强、非洲亚洲发展合作组织、亚太商业联合会、联合承办的第四届全球经济发展论坛"一带一路"新加坡峰会将于 11 月 14~17 日在新加坡圣淘沙举办。

"全球经济发展论坛"（GEDF）是一个专业性的国际会展机构，2013—2015 年分别在中国和澳洲成功举办了三届。在过去三年中，"全球经济发展论坛"在国内外连续成功举办了三届，前三届论坛吸引超过 3000 位全球高净值企业家参加，对参会企业家来说可谓是收获满满，成功达成的合作项目超过几十亿元，为推动企业家国际化全球化发展做出杰出贡献。论坛的社会反响是良好且热烈的，"全球经济发展论坛"已经成为代表高水平国际财经盛会的品牌。

本届"全球经济发展论坛"选址新加坡，聚焦"一带一路"，邀约国内外政学商界精英之士共话财经，共享财富盛宴。本届论坛的主题是"共享时代、智慧创新"与"新时代、新经济、新机遇"，将汇集多国政商学界领袖莅临峰会。目的是在经济全球化背景下讨论当今世界经济机遇与挑战，并将通过智慧碰撞与商机合作，深入研究探讨"一带一路"的发展合作新机遇。

本届论坛还将邀请"一带一路"沿线以及东盟多国政商领袖及部分世界 500 强企业参会，研究探讨"一带一路"的发展合作新机遇。

随着中新经济文化等交流合作越来越强劲，在中方提出建设"一带一路"的倡议后，新加坡总理李显龙明确表示"一带一路"的倡议可以带动整个亚洲及中亚的发展，新方将积极响应建设21世纪海上丝绸之路的倡议。面对这样的机遇，中国企业家应借着"一带一路"的建设东风，在学习、借鉴与合作中不断提升自身的技术和管理水平，在竞争中走向强大。

（来源：中国会展网）

第二节　会展新闻发布稿

一、会展新闻发布稿的含义

会展新闻发布稿是指由会展主办者撰写、向媒体提供或在新闻发布会上宣读的有关会展信息的稿件。会展新闻发布稿的主要作用是通过媒体和发布会渠道，向公众及时传递有关会展的筹备、实施情况和取得的成果等方面的信息，宣传会展的特色、品牌，以取得公众的认同和支持。新闻宣传工作可以在展会之前、其间和展后进行，它是一种低成本、高效率的会展宣传方式。

二、会展新闻发布稿的种类

1. 按新闻发布的内容划分

按新闻发布的内容来分，会展新闻发布稿主要有以下三种：

（1）会展综合信息发布稿

这种类型的发布稿一般用于召开首次新闻发布会时向媒体全面介绍会展活动的信息，内容包括会展的名称、性质、背景、目的、宗旨、主题、特色、范围、规模、形式、时间、地点、组织机构以及为举办会展将要采取的政策、措施等信息。

（2）会展筹备信息发布稿

这种类型的发布稿用于发布会展活动各项组织筹备工作的情况，内容包括场馆建设、招商招展、知识产权保护措施以及公众关心的问题，可以一次性发布，也可以连续多次发布。

（3）会展成果信息发布稿

这种类型的发布稿用于在会展举办期间或举办之后发布会展活动所取得的各项成果。内容包括参会参展实际的人数、观众数量、成交项目、成交额、签署的共同文件以及会展活动所产生的社会影响等。

2. 按写作形式和使用情况划分

按写作形式和使用情况来分，会展新闻发布稿可以分为以下两种：

（1）书面类发布稿

这种类型的发布稿主要用于主办单位向媒体提供有关的会展情况，又称新闻通稿。这类发布稿要经得起媒体记者的删删减减，因此内容上包罗万象，以提供足够多的信息。

（2）讲话类发布稿

这种类型的发布稿主要用于主办单位在新闻发布会上宣读或答记者问。这类发布稿的写作要符合讲话稿的特点。

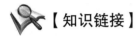【知识链接】

北京特许加盟连锁展览会 11 月农展馆火爆开幕

由北京市商务委员会批准，北京西西木国际展览有限公司承办的 2016 年第 30 届北京国际连锁加盟展览会将于 2016 年 11 月 12~13 日在北京全国农业展览馆举办。作为中国北方地区规模、档次占到前列的连锁加盟展览会，已经成功举办 28 届，累计展出千余个连锁加盟品牌，参观观众 20 余万人次。历经十载，展会已经成为特许加盟品牌开拓中国北方市场必不可少的推广平台，同时也成了海外特许品牌进入中国的不二之选，更是投资人寻找加盟项目的良机。

本届展会从展览规模、参展品牌数量、参展品牌行业分布广泛度等方面都较往届有了突破性提高，全国农业展览馆 1 号馆和 3 号馆同时使用。展会吸引了来自便利店、专卖店、餐饮、休闲饮品、教育培训、洗衣洗染、连锁酒店、家居用品、家居装修、汽车维修、图文图像等 70 个行业的 200 个连锁品牌与近万名投资人进行现场对接、洽谈。

三、书面类发布稿的结构和写法

1. 标题

标题即新闻的题目，将新闻的内容进行浓缩，传递最新最全的信息。

书面类发布稿的标题一般采用会展消息的标题写作形式，单行、双行标题居多。单行标题以实为主，双行标题要注意虚实结合。有的时候除了正题，还常常有引题和副题。

（1）正题。要求高度概括新闻的中心内容，印刷字号最大，位置最突出。可虚可实，以实为主。

（2）引题。通常标在正题前面，引出正题，并为正题交代背景、说明原因、烘托气氛、揭示意义等。印刷字号小于正题，可虚可实，以虚为主。

（3）副题。通常标在正题后面，起补充作用，以实为主。

2. 正文

书面类发布稿（新闻通稿）写作的主要目的是向媒体提供信息，便于媒体记者对会展活动有全面的了解，因此写法上一般采用总分式结构。开头部分应简明扼要地介绍会展活动基本信息，如名称、主题、时间、地点、规模等，揭示新闻的主题，引起读者的兴趣；主体部分要分项标号，列明小标题，突出会展活动的特色与亮点；是否需要结尾应视情况而定。正文写作要求条理清楚，简洁明了。

3. 供稿单位

正文的右下方注明供稿单位和联系方式。

4. 供稿日期

书面类发布稿需要注明供稿日期。

四、讲话类发布稿的结构和写法

1. 标题

讲话类发布稿的标题一般先写明会展的名称，再加上"新闻发布稿"的写法，如"第六届世界互联网大会新闻发布稿"。

2. 发布时间

举行发布会的日期，写在标题之下，用圆括号括入。

3. 发布人的身份和姓名

位于发布时间之下。

4. 称呼

讲话类新闻发布稿要写称呼，并有礼貌地称呼在座的各位记者和有关方面的代表。

5. 正文

讲话类新闻发布稿正文的结构安排与新闻通稿相同，一般也采取总分式结构。在语言表达上要符合讲话类文体的特点，做到生动、活泼、平易、亲切，有较强的说服力和感染力。

6. 谢词

发布人在结束讲话发言之前，应当向听众表示感谢。

【新闻发布稿范例】

第二届中国（深圳）国际科学生活博览会新闻发布稿
（二〇〇八年三月十二日）

尊敬的各位来宾、女士们、先生们、朋友们：

大家好！

由中国科学技术协会、深圳市人民政府共同主办的"第二届中国（深圳）国际科学生活博览会"即将于 2008 年 4 月 5~8 日在深圳会展中心举行。科学生活博览会具有国

家级、国际性、大众化和品牌化的特点，是深圳市委市政府进一步解放思想，贯彻落实科学发展观，以创新和先锋的精神，推动深圳新一轮发展大跨越的重大举措。

在国家科技部及广东省政府的大力支持下，首届科学生活博览会在2007年4月成功举办，观众超过30万人次，引领大众、贴近生活的展示获得了社会各界的普遍认同及赞誉，成为继"高交会"和"文博会"之后深圳的第三张城市展会名片。

秉承首届成功经验，第二届科学生活博览会继续坚持"以人为本"及"科技让生活更美好"的基本理念，以"资源节约、生态文明、科学生活、幸福人生"为主题，在展会内容和形式上进行了诸多的创新，把全国性重大活动及区域性重大活动与展会结合起来，以"集成、体验、互动"的形式向大众集中展示与生活品质密切相关的新技术、新产品、新思想、新知识和新的生活和生产方式，从而推动深圳节能减排和循环经济先锋城市建设，打造先进的、科学的深圳特色生活方式，推动华南乃至全中国的环保产业的发展和进步，引领中国社会生活方式的转型。

第二届科学生活博览会在深圳会展中心设有一个主会场，在振业城及南山热电厂设有两个分会场。针对时代特点以及社会热点，第二届科学生活博览会在主会场设有6大展区，包括："知名企业品牌与现代生活""科学理财与现代生活""环保节能与现代生活""科学健康与现代生活""数码科技与现代生活"及"科学普及和创新科技"展区。

第二届科学生活博览会内容丰富、亮点纷呈，创造了诸多的第一次，如：

第一次创造性地在展馆中心区域设置了国内外知名企业品牌理念展区，将企业（产品）品牌的缔造与发展、品牌理念的孕育与完善、重点产品的开发与延续等核心内容，有机地结合起来并生动地展示于世人面前；

第一次把"科学理财与现代生活方式"联系起来，推出了国际科学理财展及"2008深港共建经济大都会金融高层论坛"，论坛以"共建经济大都会、提高区域金融竞争力"为主题，邀请港深两地官、研、产官员、专家、企业高层共同探讨深港地区金融良性发展的时代课题，推动深港金融业发展再上新台阶；同时，为向广大市民宣传科学理财知识，同期还将组织"深圳市民理财周"活动。

第一次提出"科普动漫游戏"的概念，推出"2008首届全国科普动漫游戏大赛"，利用互联网向大众征集参赛作品，并通过大众投票和专家评审相结合决出优胜作品；

第一次推出了"国家863节能减排"有关科普项目展示，以及"深圳市循环经济产品（技术）成果长廊"，展示深圳市首批37家企业循环经济示范项目，展示与人们日常生活密切相关的空气净化、水净化、太阳能利用、节能减排等先进的环境技术和产品，同期还将举办"深圳循环经济产品与技术高峰论坛暨循环经济示范项目推广交流会"。

第二届科学生活博览会还组织了丰富多彩的活动，如：日本JST科技发展论坛；首届深圳城市消费信息化论坛；长城杯·深港青少年机器人邀请赛；科普剧场；青少年科技作品联展；科普动漫游戏作品展示；中国数字科技馆等。

科学生活博览会贴近百姓、贴近生活、贴近时代，是一面走在时代前列的，倡导先进和科学的生活方式，推动生态文明建设的旗帜，必将对深圳及全中国人民的生活方式的转变产生重大的影响和导向作用。

目前，第二届科学生活博览会的筹备与组展工作进展顺利，作为主办单位，深圳市委和市政府对第二届科学生活博览会的圆满成功充满信心！

在此，我代表主办单位对出席今天新闻发布会的各位领导、各位嘉宾、朋友们表示热烈的欢迎！向所有关心和支持科学生活博览会的社会各界人士表示衷心的感谢！

谢谢大家！

（来源：新浪网）

第三节　会展简报

一、会展简报的含义

会展简报是反映会展管理和会展活动的动态和成果的内部性简要报道，也常称为会展活动的"会展信息""会展快报""会展通讯"。会展简报由会展管理机构或会展主办单位编写，发送对象广泛，可以是上级部门、政府机构、兄弟单位，也可以是参展商。

二、会展简报的特点

1. 简字当头

这是简报写作的最大的特点，即使是一些经验性简报，也要求控制篇幅，一般不超过1000字。

2. 材料真实

简报所反映的情况、工作、问题、经验都要有真实可靠的材料为支撑，不能有半点的虚夸或者遮掩。

3. 内容新鲜

会展简报在内容上必须反映新情况、新经验、新问题。

4. 编写及时

对于会展简报写作，写作者既要有敏锐的眼光，注意发现和收集会展领域新经验、新问题和新现象，又要在写、编、校、印、发等环节强调及时性，确保会展简报在第一时间分发到有关单位和人员手中。

5. 形式规范

简报有约定的标印格式，主要由报头、报身、报尾组成。标题、导语和主体要求表现严谨，一般不使用多行标题和带有描写性或修辞性的导语。

6. 信息来源丰富多样

调查报告、工作报告、情况报告、会展总结、会议纪要等，都可以成为会展简报的写作材料。

三、会展简报的作用

1. 汇报作用

它可以及时反映会展信息，是会展主管部门和主办单位领导人了解会展情况、掌握会展动态的重要渠道。

2. 交流作用

它的交流作用体现在两个方面，一是通过报道各种会议分组活动的信息或转载与会者在分组会上发表的重要意见，促进大会议成员之间的交流和沟通。尤其是在大会交流的时间有限的情况下，会展简报可以作为书面交流的补充形式。二是会展简报的编发单位通过简报向合作单位传递信息，交流经验，协调工作。会展主办单位通常就是运用会展简报的形式向协办和承办单位通报会展活动的筹备及举办的相关信息。

3. 宣传作用

会展简报是一种重要的会展宣传工具，通过组织渠道传递影响力较强，通过向包括上级机关、兄弟单位、参展商和观众等发送简报，可以起到宣传会展活动，扩大会展活动影响的作用。

4. 促进作用

会展简报往往能够对促进企业参展产生积极的示范作用，并能够让目标观众及时了解参展企业、展品等相关信息，能够促进展会招展。

5. 指导作用

会展简报也常常是会展管理机关或会展主办单位向下属机关推广会展工作经验、分析会展动向并指出在会展管理和在会展组织、举办中的问题的一种书面工具，并以此及时指导有关方面的工作，加强对会展工作的管理。

四、会展简报的种类

会展简报的种类较多，按内容性质来分，大致有以下几种：

1. 工作性简报

以汇报工作为主的会展简报。

2. 情报性简报

通报会展工作中发生或发现的新情况、新动向的会展简报，又称动态简报。在展览会中，这类简报常常刊登参展商提供的信息。

3. 经验性简报

重点介绍、推广会展工作中新经验的简报。

4. 问题性简报

这类简报以揭露问题、批评错误为主要任务。

5. 转发性简报

主要用于转发领导讲话或者会议期间与会者的发言及书面建议。

五、会展简报的外观形式

会展简报的外观形式丰富多样，尤其是展览会期间的简报（展览快报）图文并茂，往往请广告设计公司精心制作。下面介绍公务性会展简报的格式。

1. 报头

报头部分包括编号、密级、简报名称、期数、编印机构名称、印发日期、反线，约占简报首页的三分之一。

（1）编号。即每份简报的印制顺序号，标注于左上角，也可省略。

（2）保密要求。简报如有密级，应在右上角注明密级。如属于会议内部文件，则注明"注意保密"或"会后清退"。

（3）简报名称。会展简报名称由发文机构名称或会展活动名称加文体名称组成"×××展览会简报"。简报名称要居中，发文机构名称或会展活动名称在上，"简报"一字在下，且字号要大，以示醒目。

（4）期号（字号）。按顺序编排，如："第1期"。简报种类较多的，可加发文机关代字，如"办字第1号"。标注于简报名称下方居中。

（5）编印机构，即会议或展览活动秘书处。标注于期号的左下方。

（6）印发日期，即实际发出的日期。用阿拉伯数字标注于期号的右下方。

（7）反线。在编印机构和编印日期之下画一条与图文区等宽横线，将报头与报核分开。

2. 报身

简报报身包括标题、按语、正文三部分。

3. 报尾

报尾的位置在简报末页的底部。主要标注报、送、发的对象。报是上报的意思；送的对象是平级机关和不相隶属的机关；发指下发。报尾的上下各画一条与图文区等宽的反线。有时还可在第二条反线的右下方注明印刷份数。

六、报道式会展简报的结构和写法

会展简报的结构同具体采用的写法密切相关，写法不同，结构也有所不同。会展简报的写法大致有报道式会展简报和转发式会展简报两种。

报道式会展简报也就是采取新闻消息报道写作的方法，介绍会展活动的情况。

1. 标题

报道式会展简报的标题要求概括、醒目、简短、富有吸引力。一般有单行式标题和

双行式标题两种写法，而很少采用多行式标题。例如：

"2015三亚·财经国际论坛开幕"

2. 正文

（1）开头。报道式会展简报的开头一般采用以下两种写法：一种是概述式，即采用叙述的方式概括介绍会展活动的概况或主要信息。以会议简报为例，开头应介绍会议的名称、时间、地点、主持人、与会单位和主要与会者、会议的气氛等。综合性会展简报常使用这种导语。另一种是点题式，即简报一开头便直截了当地切入主题，常用于专题性会展简报。例如：

主题为"新经济新动能"的2015三亚·财经国际论坛在海南省三亚市开幕

（2）主体。报道式会展简报的主体部分写作介绍会展事件的过程、主要精神、主要成果。这部分是会展简报的主干，要围绕主题、突出重点。在结构形式上，写作者可根据简报的性质和内容表达的要求，分别采用倒金字塔结构、金字塔结构、总分结构进行写作等。

背景。报道式会展简报有时也需要有一定的背景说明，以帮助领导或相关部门全面把握会展简报的事实。具体写法同会展消息。

（4）结尾。依据具体内容来确定是否需要结尾，以及怎样结尾。

七、转发式会展简报的结构和写法

转发式简报主要用于转发会展活动中领导讲话或者与会者的重要发言及书面建议。转发的方式有全文转发和摘要转发两种。其结构内容包括：

1. 标题

转发式会展简报的标题一般要反映发言者姓名、身份和发言的主题或原发言稿的标题。如："专家×××呼吁尽快制定符合我国国情的展览评估体系"。

2. 按语

按语又称编者按，用以说明转发目的，提示内容，引起读者注意和重视。

按内容划分，按语可分为说明性按语（说明转发原因和目的）、提示性按语（提示内容的重点和要点）、评述性按语（对转发的发言和建议发表意见、表明态度）。

按方式划分，按语可分为前言式按语（即放在标题之前或标题之后、正文之前的按语，又称题头按）、插入式按语（即在正文的重点、要点和精彩之处用括号插入按语，有画龙点睛之功效）、编后式按语（即在正文之后的按语，又称编后按）。标印时，按语的字体字号要与正文有明显区别。

3. 正文

正文部分就是简报所要转发的发言或建议的内容。编辑时，要对原会议记录或发言稿进行文字梳理，对即兴发言中的口语或不规范的语言要作适当的修改，但应保持发言的风格。对篇幅较长的重要讲话、发言或书面建议，可以采取摘要转发的办法。摘要转发要抓住中心和要点，并尽可能保持发言的原有风格。

【简报范例】

2004 年上海国际汽车零配件维修设备展览会简报
（2004 年 10 月 15 日 17：36）

由中汽对外经济技术合作公司、法兰克福展览（香港）有限公司、上海对外科学技术交流中心主办的"上海国际汽车零配件、维修检测诊断设备及服务用品展览会"（automechanika Shanghai）将于 2004 年 12 月 2 日～4 日在上海新国际博览中心隆重举行。我们热情邀请中外汽车行业及相关工业的同行和朋友们参加和光临本界展览会。

德国法兰克福展览公司主办的 automechanika 是世界上久负盛名的汽车零部件及服务用品展览会，届时将有众多中国汽车零部件及服务用品生产厂家和贸易商前往参加，参展者在展览会上收获订单的同时也汲取了国际汽车工业发展的最新动向。为了更好地服务中国厂商，法兰克福展览（香港）有限公司与中汽对外经济技术合作公司将在中国上海利用主办单位在国际国内的商业网络构筑一个国际交流的平台，这样无须出国，国内企业就可以在上海与海外商家面对面洽谈商务、交流信息。目前，本届展览会近一半的展位已被国际展商预订。他们分别来自澳大利亚、奥地利、比利时、德国、希腊、中国香港、印度、印度尼西亚、马来西亚、波兰、新加坡、斯洛文尼亚、中国台湾、英国、美国等 16 个国家和地区。其中德国和奥地利将组织国家展团。同时，意大利都灵中小企业商会、澳大利亚驻上海总领馆、英国汽车行业商会和中国台湾外贸机构也在组团中。我们相信作为展商，您将在展会上接触到来自不同国家和地区的众多汽车制造商、代理商和专业买家。

本届展会得到如下单位的大力支持：中国机械装备（集团）公司、德国法兰克福展览公司、德国汽车维修设备协会、欧洲汽车维修设备协会、汽车后市场行业协会、德国汽车贸易与维修联合会、中国汽车报、汽车与维修杂志社、汽车与配件杂志。

本届展览会预计展出面积 15000 平方米，参展厂家 300 多家，专业观众 1300 多个。

（来源：新浪网）

第四节　会展致辞

一、开幕词和闭幕词

1. 开幕词和闭幕词的含义

开幕词是主办方领导人在开幕式上宣布会展活动开幕，对来宾表示欢迎和感谢，阐述本次会展活动的目的、任务、意义，向与会者、参展商和观众提出希望和要求的

致辞。

闭幕词是主办方领导人在闭幕式上宣布会展活动闭幕，总结会展活动取得的成果，对来宾表示欢送和祝愿，对有关方面的支持表示感谢的致辞。

2. 开幕词和闭幕词的结构和写法

（1）标题。开幕词和闭幕词的标题常见的有单行式标题和复合式标题。单行式标题是在会展名称后面加"开幕词"或"闭幕词"。例如："第六届北京家电博览会开幕词"，"第二届世界互联网大会闭幕词"。复合式标题是在单行式标题的上面增加一行标题为正标题，揭示开幕词的主题思想；第二行为副标题，说明致辞的场合。

（2）日期。即举行开幕式或闭幕式的日期，标注于标题的正下方，外加圆括号。

（3）致辞人身份和姓名。标注于日期的正下方。

（4）称呼。要根据参加对象的情况而定，通常是身份从高到低，性别先女后男，并尽可能覆盖全体参加对象。称呼要顶格书写，后面加冒号。称呼对象较多时，可分类别称呼并分行书写。

（5）正文。

开幕词正文。正文的开头部分宣布会展活动开幕，对与会者表示欢迎，对会展活动的成功举行表示祝贺。正文的主体部分回顾历届会展活动取得的成绩、经验或教训，提出本次会展活动的主要任务，阐明主题和意义，对与会各方提出希望和要求。结束部分预祝会展活动圆满成功。如果开幕式安排剪彩等方式象征会展活动开幕，则开幕词中一般不写"宣布开幕"的字样。但有的时候，开幕词和欢迎词可分开致辞，先安排一位主办方领导人致欢迎词，在仪式的最后再由在场身份最高的人士宣布开幕，例如："我宣布：××（活动名称的全称）开幕！"这种开幕词简短有力，使开幕式的气氛达到高潮。

闭幕词正文。闭幕词的开头一般用简明的语言说明本次会展活动是在什么情况下圆满结束。闭幕词的主体部分用叙述的方法回顾总结本次会展取得的成就，有哪些经验和意义，并在此基础上提出贯彻会议精神的或对办好下一届会展活动的要求和希望。闭幕词的结尾部分向支持会展活动的单位和个人表示感谢，向与会者表示良好的祝愿，也可郑重宣布会议闭幕。如果闭幕式上另安排人致欢送词，可在仪式的最后由身份最高的人士用一句话宣布闭幕："我宣布：××（活动名称的全称）闭幕！"。

（6）致谢。即在结束致辞之前，向各位听众表示谢意。

【会展致辞范例1】

庆祝建党××周年表彰大会开幕致辞

同志们：

今天，我们在这里热烈庆祝党的××周岁生日。回首往昔，穿越血与火的历史烟云，历经建设与改革的风雨洗礼，我们的党带领着全国各族人民与时俱进、开拓创新、奋发图强。

××年前那个夏天，中国共产党诞生了。如电光火石划破神州大地沉沉长夜，星火燎原，给古老的中华民族带来了光明与希望。××年的风云变幻，××年的潮起潮落，中国共产党历久弥新，青春常在，领导不断发展壮大的××万中国共产党人，用血肉之躯，用坚定的改革步伐，筑起了坚不可摧、战无不胜的钢铁长城。为中华民族的历史长卷，撰写了磅礴而绚丽的辉煌诗篇。我们的党功昭日月。

现在我宣布大会开幕！全体起立，奏国歌！

【会展致辞范例2】

2016 世界养生大会闭幕词

尊敬的各位领导、各位来宾、先生们、女士们：

2016 世界养生大会在紧张有序的议程中将要落下帷幕了，我代表本次大会的主办方和承办方，对出席本次大会的各位领导和各位嘉宾表示诚挚的感谢和由衷的敬意！

2016 世界养生大会在上级领导的亲切关怀下，在诸位同人志士的共同努力下，积极响应政府号召，为共同推动中医养生事业，搭建高端平台，旨在中医养生传播中树立科学规范、去伪存真、正本清源，尤其在今后一段时期为企业家的健康养生做出了积极有效的探索，将产生可贵的示范性作用；集合社会资源和力量，积极参与中医养生保健体系构建，为全民健康开展行之有效的工作。我们有理由相信，在中医养生逐渐为大众接受的背景下，我们成功举办这样一个高规格的活动，是具有深远意义的！

回顾大会的整个历程，精彩呈现，亮点频频，留下了很多难忘的瞬间。在本次会议期间，有关于中医养生产业的发布和解读，是导向标杆，是行业最有力的权威政策保障，为养生事业的发展指明了方向和前行的动力；专家、学者的专业报告，则是对行业科学客观的剖析，具有去伪存真、正本清源的示范性作用；还有业内诸多人士的精彩分享演讲，是养生智慧的无私奉献，展现了中华民族养生文化的博大精深、源远流长；还有一系列成功经验分享、交流，美容养生新产品、新技术的展示、研讨，养生专家特色疗法演示，等等，丰富了大会的内涵，为养生事业带来了新的气息，注入了新的活力。

同志们，朋友们，2016 世界养生大会就要落下帷幕了。这次大会是团结奋进的大会，是继往开来承载光荣与梦想的大会。中华养生文化历经数千年而不衰，生生不息而泽被后世，我们有责任把祖国传统的优秀文化继承传扬，让中医养生走进千家万户，走向世界。我们完全有理由相信养生大业的明天会更美好。本次大会在各方面共同努力下取得圆满成功，在此表示衷心的感谢。我们期待明年再相逢！

现在，我宣布：2016 世界养生大会胜利闭幕！

谢谢大家！

2016 年 12 月 21 日

二、主持词

1. 主持词的含义

主持词是供会议或各种仪式的主持人宣读，据以组织各项活动环节、介绍发言人身份、控制活动进程、营造现场气氛、确保完成会议程序的文件。

2. 主持词的主要内容

主持词的内容因会议或仪式的性质、内容和程序而异。包括：宣布会议开始，介绍会议主席和主要领导、主要来宾，报告会议的出席人数，说明会议的目的、任务和宗旨，宣布会议议程或程序，强调会议的纪律和注意事项，介绍发言者的姓名和职务，宣布会议的结果，宣布会议结束等。

3. 主持词的结构与写法

（1）标题。会议或仪式名称＋主持词，如《××博览会开幕式主持词》。

（2）日期。标题之下居中标明举行会议或仪式的具体日期，可用括号括入。

（3）主持人的身份和姓名。日期之下居中标明主持人的身份和姓名。

（4）称呼。称呼的写法和要求参见开幕词。

（5）正文。主持词正文部分要依据事先确定的会议或仪式的程序来写，确保主持词与各项活动程序有机地融合起来。在具体写作时要把握好以下几个环节：

开场白。主持人的开场白主要是起宣布会议或仪式开始的作用。在不专门安排致开幕词的会议或仪式中，主持人的开场白相当于开幕词。大型会展活动开幕式由于另有专人致开幕词，因此主持词的开场白可对参加开幕式的来宾表示欢迎和感谢，或以简要的话揭示会展活动的背景和意义，作为开幕式的引子。要注意语言简明，不可长篇大论，避免与后面的开幕词或欢迎词意思重复。

介绍。会议或仪式开始前或开始后，主持人要介绍出席的领导和嘉宾，会议或仪式中间，要介绍每一位致辞人或发言人的身份和姓名。介绍出席的领导和嘉宾，顺序要得体，一般按身份从高到低；身份相同时，可按资历高低，双边活动先宾后主，多边国际活动可按国家或组织英文（或商定的文字）名称的字母顺序。无论是介绍领导和嘉宾，还是介绍致辞、发言、颁奖、领奖者，身份、职务、姓名要清楚、准确，并使用"请"、"有请"、"恭请"等礼貌用语。

小结和致谢。每项程序结束后，主持人可作一个简短的小结，阐明致辞、发言或具体活动的意义，对发言者表示感谢。会议或仪式结束之前，可总体概括会议的成果，对与会者提出希望和祝愿，也可根据程序安排，导入下一节的活动。在结构安排上，主持词中表达的每一项程序要以自然段落分开，或标上序号，以便辨识和查找。语言要根据会议的性质和内容确定表达风格，法定性代表大会的主持词要求准确、严密、规范，符合会议的议事规则，节事活动的主持词的风格则要求幽默、风趣、生动、活泼。

【主持词范例】

中国 2010 年上海世界博览会开幕式主持词
（主持人：季晓东、董卿）

我们在这里相约，在上海、在中国。

我们在这里欢呼，为世博、为世界。

这是一场精彩的对话，它跨越了 159 年的时空。

西方的多瑙河和东方的长江，因为世博会的源远流长而深情守望。

今天在这盛大的舞台上，我们把灵感融入音符，在江河的记忆里感悟岁月的悠远。

今天在这辉煌的舞台上，我们让激情萦绕心间，在生命的交响中演绎未来的情缘。

今晚来自世界各地的朋友们将用他们的歌声和舞姿共襄世博盛事。

今晚我们将听到远方的朋友们和我们一起搏动的心跳。

今晚，耀眼的星空和真挚的热情将陪伴我们度过一个美好的不眠之夜。

当世界在黄浦江畔把梦想交到我们手中，我们就有了拥抱明天的信念。

当人类在新的纪元，有了和谐、合作的精神理念，彼此就有了尊重和携手的未来。

现在中国青海玉树地震灾区的两位藏族孤儿来到了舞台中间，中国 2010 年上海世博会与全世界遭受自然灾害的人们心手相连、大爱无疆。

我们热烈欢迎参加中国 2010 年上海世博会的所有嘉宾，我们敞开会聚世界、共襄盛举的博大怀抱。

这里城市的光彩，这里瑰丽的上海，灯光回应激光，演奏光的交响，表达美的旋律。

烟花四射，热情迸发，中国欢迎你四海宾客，上海欢迎你五洲朋友。

今夜，神州激情飞扬，这是一个伟大的中国，一个屹立在世界东方、紧紧把握和平与发展主题、正致力于伟大复兴的英雄国度。五彩缤纷的焰火升腾在天穹，让我们心中充满无限的向往。今夜，上海欢乐流淌，这是空灵的上海，一个屹立于太平洋西海岸，正努力建设国际经济、金融、贸易、航运中心的活力城市。

上海这座世界瞩目的城市，以海纳百川的宽广胸襟，开启世博大幕，以追求卓越的情怀，笑迎世界宾客。世界上的河流都相通，世界上的心灵也相连。2010 年的春天不同肤色、语言，不同国度、信仰的人们一起相约上海、相聚世博。水在起舞，光在起舞，蝶在起舞，心在起舞。浪漫的天地，欢聚的盛会，让所有人心为之沸腾，情为之奔流。当科技与艺术亲密地携手，科技世博的图景也在展开。世界博览会相聚同一个世

界，人类的盛典相约同一个家园。今夜星光璀璨，我们将欢乐洒满天际。八年前中国如有一份幸运，世界将添一彩的承诺，今天终于呈现在世界面前。

诞生于1873年维也纳世博会的《蓝色多瑙河》乐曲与中国名曲《梁祝》交互成和谐的乐章。焰火、激光、灯光、眩目、神奇、灿烂，赋予我们智慧的灵感，书写盛典浪漫诗篇，象征创意永远、创新无限。

今夜喜悦流淌在申城，今晚快乐悦度在神州。缤纷绽放的礼花，展现魅力上海，辉映和谐中国，精彩照亮世界。一种色彩就是一份期盼，一重光焰就是一份祝愿，愿未来更加美好。焰火直上云霄，跃入苍穹，连接天圆和地方，贯通天上和人间。这是东方的热情在燃烧，我们共祝火树银花好夜晚。这是盛会的欢乐在倾洒，我们营造琼楼玉宇不夜天。

激光灯发射着斑斓线条，这是世博会的华彩。探照灯交织成变换的图案，这是上海城的华光。多彩的焰火，绚烂的灯光，一起在舞蹈，在闪烁。耀眼的激光，飞泻的喷泉，一起在迸发，在流动。世界同欢庆，我们携起友爱的双手。欢庆共此时，我们同享热烈的狂欢。今晚在全球的聚光灯下，人类文明历史的新坐标镌刻在黄埔江畔。走过年华似水的159年，世博会留下的是人类生生不息的伟大梦想。在这个平台上，我们破解难题，我们憧憬未来。让可持续发展的脚步永恒延伸，让中国为世界做出更大的贡献！喷泉奔涌，激光四射、彩灯闪耀，不夜城的美景正立体呈现。高空、中空、低空，黝黑的天幕变成无垠的画面，任我们描绘。天上、地下、水面，开幕的庆典形式立体的舞台让我们狂欢。

从1851年到2010年，中华民族对世博会的热切盼望整整159年。让我们共同铭记今晚欢乐的中国，凝聚全世界关注的目光。让我们共同祝愿，今晚绚烂的上海续写人类文明进步的辉煌篇章。

三、欢迎词、欢送词和祝酒词

1. 欢迎词、欢送词和祝酒词的含义

欢迎词是在迎接宾客的仪式上，主人对宾客表示热烈欢迎的致辞。

欢送词是一种在告别仪式上，主人向宾客表示欢送的致辞。

祝酒词是在欢迎、欢送以及庆祝、招待宴会上，宾主相互祝酒时发表的祝词。在欢迎词和欢送词中加上祝酒的内容，也可称为祝酒词。

致欢迎词、欢送词和祝酒词，是会展活动中的一种重要礼仪。主人在向客人表达欢迎、欢送、感谢、祝贺、祝愿的真挚情意的时候，还可以阐明会展活动的理念，对会展成果提出预期或评价，对未来的合作提出希望。

在会展开幕仪式中，如果由主办方身份最高的人士致欢迎词，那么这种欢迎词还具有开幕词的作用。

2. 欢迎词、欢送词和祝酒词的结构和写法

（1）标题。由仪式名称和"欢迎词"或"欢送词"组成，例如："第五届中国文化用品商品交易会开幕式欢迎词"。如果仪式名称中已经有"欢迎"或"欢送"的字样，则可将"欢迎词"和"欢送词"改为"致辞"，以避免文字重复，例如："在全球经济发展论坛欢迎宴会上的致辞"。

（2）日期。致辞的具体日期位于标题之下居中，也可用括号括入。

（3）致辞人身份和姓名。致辞人的身份和姓名位于日期之下居中。

（4）称呼。由于欢迎词和欢送词的对象性很强，因此，称呼也要有明确的对象性。称呼具体的写法有两种：一种是先称呼欢迎或欢送的对象，然后称呼在座的其他对象。如果使用这种称呼，下面的正文中提到欢迎或欢送对象时，就要用特称。另一种是仅称呼欢迎或欢送对象。如果使用这种方法，下面正文中的称呼就一定要用"您"。

（5）正文。欢迎词、欢送词和祝酒词的结构大致相同，但具体的写法有所不同。

欢迎词的正文。欢迎词的开头先用简洁的语言对来宾的光临表示热烈欢迎和感谢，给大家一种宾至如归的亲切感。主体部分可因人因事，灵活多样。写作者在此可以交代举办活动的背景、目的、意义以及本次活动的特点，或者回顾历史上双方友好交往、愉快合作所取得的成果，赞美友情，阐明共同面临的挑战和任务，期待进一步发展友谊、加强互信与合作等。结尾部分用简短的语言向来宾表示良好的祝愿，并预祝活动取得圆满成功。

欢送词的正文。欢送词的开头表达热情欢送和惜别之情。主体部分要高度评价会展活动的成果和来宾对会展活动所做的贡献，并表示由衷的祝贺和感谢；也可回顾客人来访期间的双方开展的友好交往、结下的深厚友谊，以表达依依不舍的情意。结尾部分表示祝贺和希望再次相会的期望。

祝酒词的正文。祝酒词既可以表示欢迎或欢送，也可以表示相互祝贺谈判成功、项目投产、工程竣工等。表示欢迎或欢送的祝酒词，开头和主体部分的写法与欢迎词和欢送词一致。其他祝酒词的开头一般要先说明祝酒的目的和对象，然后阐明活动举办或项目实施的意义，向对方表示真诚的感谢，并期待进一步的合作。祝酒词结尾应当另起一行，写上"最后我提议""现在我提议""请允许我举杯"等，再另起一行写明祝酒的对象和内容，最后再另起一行写"干杯"二字作为结尾。如果祝愿的对象和内容较多，要分别另起行书写。

【欢迎词范例】

A公司董事长×××致市政府有关领导和合作伙伴的欢迎词

尊敬的市政府领导、各方合作伙伴代表：

欢迎你们出席本公司成立20周年庆典暨新一届董事会就职典礼。我们十分高兴地

迎接你们的到来。在此，我谨代表本公司，向各位领导和各方合作伙伴代表，表示热烈的欢迎和衷心的感谢！

中国改革开放以来，广州的经济、社会获得了巨大的发展，焕发出生机勃勃，本公司是一家中外合资的企业，20年来的风雨历程，造就了20年来的辉煌业绩。此次庆典活动我们将以"为企业创造价值"为主题，让我们共同回顾本公司在20年来所经历的风风雨雨、所取得的辉煌成绩。

本公司的发展，除了公司全体成员的支持与我们自身的努力外，离不开各方，特别是市政府领导、合作伙伴B公司、D公司和C公司等的资助与支持。我们真诚地希望，通过举办本公司成立20周年庆典暨新一届董事会就职典礼，与你们共同分享我们的成果，推动广州经济的发展，增进我们各方的友谊和交流合作。

我相信，我们将会进一步地健全机制、提升理念、强化落实，不断优化企业发展环境，提高企业工作质量，团结和带领公司全体人员扎实工作、激情钻研，推进我公司业绩再上新台阶。

祝各位身体好、工作好、家庭好、事业好、一切安好！

谢谢！

【欢送词范例】

在德国凯瑞会展公司代表团欢送仪式上的致辞
（20××年10月18日）

上海中兴会展公司董事长　王耀辉

尊敬的德国凯瑞会展公司董事长玛丽女士，尊敬的德国凯瑞会展公司各位同仁：

今天下午，你们将结束对我公司的访问，启程回国，借此机会，请允许我代表上海中兴会展公司全体同事向你们表示最热烈的欢送！

近一个星期来，我们双方本着互惠互利的原则，经过多轮会谈，签订了三项实质性的协议，取得了令人满意的双赢成果。贵公司在会谈中表现出的诚意和积极的合作态度，给我和我的同事留下了极其深刻的印象，对此，我们深表敬佩。我们衷心希望贵我双方继续保持这种良好的合作势头，切实落实各项协议，为促进两国会展业的发展做出贡献。

我们期待着玛丽女士和贵公司同仁明年再度访问我公司。

最后祝各位一路顺风。

【祝酒词范例】

在 A 公司成立 20 周年庆典酒宴上的祝酒词

尊敬的市政府领导、各方合作伙伴代表：

大家晚上好！欢迎你们参加本公司成立 20 周年庆典酒宴。在此，我谨代表本公司，向各位领导和各方合作伙伴代表，表示热烈的欢迎和衷心的感谢！

本公司是一家中外合资的企业，20 年来的风雨历程，造就了 20 年来的辉煌业绩。此次庆典活动我们将以"为企业创造价值"为主题，让我们共同回顾本公司在 20 年来所经历的风风雨雨、所取得的辉煌成绩。

我们十分珍惜市政府领导与合作伙伴 B 公司、D 公司和 C 公司对我们公司的资助和支持，我们将不懈地努力，借鉴以往成功的经验，努力将本公司办成一家具有综合性、文化性、技术性兼备的企业，为推动广州市企业的发展做出积极的贡献。

现在，我提议：

为本公司成立 20 周年庆典酒宴圆满成功，

为各位领导、代表的幸福安康，

为我们的友谊地久天长，

干杯！

第五节　邀请函、请柬和聘书

一、邀请函

在会展活动中，邀请函按其性质可分成两种：一种是商务性的，具有商业宣传和发出要约邀请或要约的性质，如招商邀请函、参展邀请函；另一种是用于邀请有关单位或人士来访、讲学、兼职等，起请求和告知的作用，是一种常用的公关礼仪文书。本节介绍的是后一种邀请函。

邀请函的结构与写法包括以下方面：

1. 信头

邀请函的信头要用醒目的字体，标识发函单位的全称。

2. 标题

由于邀请函具有公关礼仪的性质，邀请函的标题一般就写"邀请函"三字即可。不宜使用"关于邀请×××的函"这一类格式。

3. 称呼

邀请函的发送对象有两种：

（1）发送给单位的邀请函，应当写单位名称。由于邀请函是一种礼仪性文书，称呼中要用单称的写法，不宜用泛称（统称），以示礼貌和尊重。

（2）直接发给个人的邀请函，应当写个人姓名，并前冠"尊敬的"敬语词，后缀"先生""女士"等。

4. 开头应酬语

写给个人的邀请函，应在称呼下面、正文之前写"您好"。写给单位的邀请函，则可省略应酬语。

5. 正文

邀请函的正文应写明邀请的具体事项。如邀请讲学或做报告，应说明活动的名称、主办单位、目的、出席对象和人数、讲学或报告的内容和次数、时间、地点、报酬及支付方式、联系方式等事项；如邀请访问，应当写明邀请的缘由、邀请的范围、访问的主要内容、大致的日程安排、经费等事项。结尾处应当对应上文，再写几句应酬语，如"临书翘企，敬候佳音"等，不宜说完正事就结束，收得太急，显得不太礼貌。

邀请函的正文的语气要委婉、恳切、得体。

6. 祝颂语

邀请函的正文下方空两格写"此致"或"顺颂"等词语，再另起一行顶格写"敬礼"或"时祺"等词语。写给单位的邀请函，祝颂语也可省去不写。

7. 署名

邀请函的标题一般不标注发文单位名称，因此应在祝颂语的右下方，署发文单位名称并盖章。写给个人的邀请函，还可以由发文单位的领导亲自签署姓名；姓名前应写明职务。

8. 日期

具体的年、月、日位于署名之下。

【邀请函范例1】

尊敬的××××有限公司×××先生（小姐）您好：

我们诚意邀请阁下参加此次，××月××日在××××国际会展中心（地址：×××××××××）举办的国际工业自动化器材及控制技术展览会，和我们共同了解和体验这场规模空前的全球工业盛会，一起去结识更多的新老朋友。

××××有限公司作为××××品牌的专业制造商，我们有幸在这次展会上参展。如您有兴趣参加，那是我们的荣幸。届时请移步展会的国际馆，我们将在 R 28 展位恭候您的光临。

谢谢！

【邀请函范例2】

尊敬的××先生：

您好！

我中心是中国十大会展场馆企业之一，展览面积××万平方米，建馆五年来共举办各种展览×××个，观众总人数逾×××万人次。为实现我公司五年内跻身世界知名展馆企业行列的目标，我们正在邀请一批知名专家组成我中心的策划顾问团。您是一位在国际会展业研究和策划方面的专家，长期以来，我们一直非常仰慕您的成就以及您在业内的影响力。因此，我们诚邀您为我中心首席策划顾问，并欢迎您在今年方便的时候访问我公司，共商合作事宜，一切费用由我公司安排，具体时间由您提出。如蒙惠允，不胜荣幸。我们殷切期待您的回音。

顺颂

时祺

××会展中心有限公司总经理××

××××年×月×日

二、请柬

请柬，也叫请帖，是一种专门邀请客人参加活动的礼仪性文书。与一般会议通知不同的是，请柬主要用于举行仪式性、招待性会展活动，如大型会议和展览活动的开幕式和闭幕式、大型工程的开工和竣工仪式、重要项目的签字仪式、招待会、晚会等，而且发送对象一般都是上级领导、知名人士、兄弟单位代表等，与主人是宾主关系，而非上下级关系或管理与被管理关系。

邀请函与请柬都属于邀请客人参会的礼仪性文书，其区别有两点：一是适用场合不同，邀请函多用于以口头交流为主要方式的会议活动，如邀请有关专家出席咨询会、论证会、研讨会，邀请记者参加发布会、记者招待会等；而举行各类较为隆重的仪式和交际活动，如开幕式、闭幕式、签字仪式、开工典礼、宴会等，应当用请柬。二是规格不同，有的会议活动可能同时使用邀请函和请柬，这时，对作为一般成员的专家和客人用邀请函，对作为特邀嘉宾的上级领导、兄弟单位代表、社会名流等，则应当用请柬。

请柬的结构和写法包括以下方面：

1. 固定格式

既可以按统一格式批量印制，也可以用市售的具有统一格式的请柬填发。这类请柬上应当有信封，以示郑重。请柬的正文一般不用标点，也不提邀请对象姓名，而是将其姓名写在信封上，切不可将邀请对象的姓名写在"恭请"的后面。最后填写主办单位名称，也可由主人签名。

2. 拟稿打印格式

即根据活动的具体要求和对象的实际情况，专门拟稿后打印的请柬。打印后要装入信封发送。具体格式如下：

（1）标题。仅写"请柬"二字，居中。不能写成"关于××的请柬"。

（2）称呼。写明对象的姓名。如发给单位的，则写单位名称。

（3）正文。写明活动目的、主办单位、内容、形式、时间、地点等。由于请柬发送的对象都是上级领导、兄弟单位、知名人士等，因此，语气用词一定要恭敬、委婉、恳切。请柬中的所提到的人名、国名、单位名称、节日名称都应用全称。如果要确切掌握出席情况，可在请柬下方注上"请答复"字样，涉外请柬用法文缩写"R.S.V.P."。如只要求在不出席的情况下答复，则应注上"Regrets only"（因故不能出席请答复），并注明回电号码。附注中也可说明桌次、从几号门进入等事项。

（4）具名。以单位名义邀请的具单位名称并盖单位公章，以示郑重。以领导人名义发出的请柬，由领导人签署，以表诚意。

（5）日期。写明邀请日期。

三、会展聘书

会展聘书是会展管理机构、会展主办单位聘请某人担任与会展有关的职务的专用文书，如聘请担任组委会名誉主任、评选活动的评委等。聘书既是一种礼仪文书，又具有法定性，受聘者据此在聘任期间享有与之相应的权利，同时也必须履行相应的义务。聘书不用于任命领导干部。

会展聘书的格式和写法包括以下方面：

1. 标题

居中写"聘书"或"聘请书"，也可写明聘请单位的名称。

2. 称谓

即受聘对象。聘书的称谓前一般不缀敬语词，姓名后写"同志""先生""女士""老师"等。如采用第三人称的写法，可不写称谓。

3. 正文

聘书的正文一般要写明聘任的具体职务和期限，必要时还可写明聘请的目的和聘任期间的主要职责。写法上要注意人称的协调，如前面写有称谓，正文中一定要写"你"或"您"；如前面省略了称谓，则正文中一定要写明受聘者的姓名。最后另起一行前空两格用"此聘"或"此致"作结语，不加句号。

4. 聘请机构

正文右下方写聘请机构的全称并加盖公章，或由聘请机构的领导人亲自署名或盖手书体签名章。

5. 颁发日期

聘请机构名称之下写上确定聘请的日期。

【会展聘书范例】

聘书

××先生/女士：

　　根据您的艺术成就和社会影响，聘请您为国际书画名家交流展委员会副主席。

　　此聘

国际书画名家交流展委员会

××××年××月××日

第六节　感谢信和贺信

一、感谢信

感谢信是发信的组织或个人向收信的组织或个人表达诚挚谢意的常用社交礼节性文书。在会展活动结束后，主办者常常要向承办单位、协办单位、支持单位、参展商、观众、媒体以及社会各界表示感谢，因此、拟写和发送感谢信是会展善后阶段的重要工作。

感谢信的结构与写法包括以下方面：

1. 标题

感谢信的标题一般有三种写法：第一种写明发信单位、致信对象和文种，如"中

国宠物及水族用品展览会致组团单位及宣传媒体的感谢信";第二种写明致信对象和文种,如"致××场馆全体建设者的感谢信";第三种仅写"感谢信"。标题应当居中。

2. 称谓

标题之下顶格书写受谢单位的名称或个人姓名,后加冒号。受谢对象较多时,可用统称,如"尊敬的客户"。如标题中已经指明致信对象,或以公开的方式向社会各界致谢,也可不写称谓。

3. 正文

正文一般可分为三部分来写:首先,交代感谢的原因,写明所要感谢的人和事,以及得到了对方哪些帮助和支持,这些帮助和支持有哪些意义和作用。这一部分叙述要清楚,时间、地点、人物、原因、经过、结果六要素要尽可能齐全。其次,写祝颂语。根据双方的关系选择相关的祝颂语。如正文的结尾已经再次表达了敬意和祝愿,也可省去祝颂语。单位发出的感谢信,署单位的名称并加盖公章;以领导人名义发出的感谢信,由领导人亲署姓名,并写明身份或职务。

4. 日期

写明发出的具体日期。

【感谢信范例】

广州国际线缆展致参展商的感谢信

尊敬的参展商,您好!

由广州光亚法兰克福展览有限公司、广州博优会展服务有限公司共同主办的第七届广州国际电线电缆及附件展览会已于今年6月12日在广州中国进出口商品交易会展馆圆满落下帷幕。

本届展会国际影响力不断提升,在各协会的鼎力支持和积极参与下,使广州国际线缆展备受业界高度好评。共吸引了283家国内外参展商参展,展出面积达20000平方米,吸引了18867名观众前来参观采购。

第八届广州国际电线电缆及附件展览会将于年6月9~12日在广州举行,我们将不断努力提升服务质量,加强与企业沟通交流,扩大国际宣传力度,吸引更多有实力的厂商,致力于为国内外厂商打造高效的商贸平台,促进国际交流,为展商开拓市场,走向国际,提供更多机遇。

本次展会成功举办离不开各界同仁及参展商倾情参与和大力支持,借此机会我们向各位合作伙伴、参展商以及支持单位致以衷心谢意。明年再见!

祝商祺!

广州国际电线电缆及附件展览会团队

二、贺信

贺信是向受贺方表达庆贺、赞扬、表彰和勉励的社交礼仪性文书。在会展行业中，贺信常用于祝贺会展公司的成立或司庆、场馆建设工程的竣工、会展活动的开幕和闭幕等。贺信如以电报的方式发出，则称为贺电。

贺信的格式和写法包括以下方面：

1. 标题

贺信的标题也有三种写法：第一种写明祝贺单位、祝贺对象和文种；第二种写明祝贺对象和文种，如"致 2018 山东（国际）文化产业博览会的贺信"；第三种仅写"祝贺信"。标题应当居中。

2. 称谓

一般写祝贺对象的名称。如果是以祝贺单位领导人的名义祝贺对方，其称谓应写对方单位领导人的姓名。

3. 正文

开头一般应直接点明主题，即祝贺的具体事项并表示祝贺之意。主体部分应当热情赞扬对方所获得的成功、取得的成就和进步，深刻揭示其原因，充分肯定其意义。结尾部分应根据祝贺的对象和相互关系，或提要求，或表希望，或发号召，或祝成功。贺信正文的写作要情真意切、表达自然。

4. 祝颂语

一般可写"顺致崇高的敬礼"或"预祝 ×× 博览会圆满成功"，或根据祝贺和受贺双方的关系选择其他合适的祝颂语。如正文的结尾已经再次表达了敬意和祝愿，也可省去祝颂语。

5. 署名

单位发出的贺信署单位的名称并加盖公章；以领导人名义发出的贺信由领导人亲署姓名，并写明身份或职务。

6. 日期

写明发出贺信的日期。

【贺信范例】

致中国纺织品服装贸易展览会的贺信

我很高兴欢迎各位贵宾来贾维茨展览中心出席第 8 届中国纺织品服装贸易展览会。

这次展会为参展商提供了良好的机会，让他们了解美国业界情况，在世界时装之都打开新商业合作的大门。最重要的是，这次展会将加深中美之间的特殊关系，增进两个

伟大国家间的相互支持。我代表纽约市政府向举办这次展会的中国国际贸促会纺织行业分会、美国专业贸易展览公司、美国柔诗宝集团表示祝贺和感谢！

祝展会圆满成功，并祝大家在纽约度过愉快的时光。

纽约市市长迈克尔·布隆伯格

××年×月×日

 【复习思考题】

1. 会展消息有几种导语？
2. 会展简报有什么特点？
3. 新闻发布稿的写作特点和要求是什么？
4. 开幕词和闭幕词的结构和写法是什么？
5. 感谢信和贺信的含义分别是什么？

 【案例分析】

致所有参展商的感谢信

尊敬的参展商：

感谢您参加在上海举办的"第六届中国国际屋面和建筑防水技术展览会"。

中国国际屋面和建筑防水技术展已是中国建筑防水行业的一年一度的重要活动，已成为经济技术交流，企业形象和产品展示、国际交往和国际贸易的重要平台，对促进中国建筑防水行业的发展发挥了积极的作用。

本届展会展出面积12000平方米，参展商160多家，是迄今为止规模最大的一届展会。专业观众1万余人，其中注册建筑师800余人。国内大企业组织了强大阵容亮相本届展会，国际知名公司也都派出了强大阵容参加本届展会，共有14个国家（地区）的40余家外资企业参展。高水平的技术研讨会，吸引了众多注册建筑师、房地产开发商和各大建筑公司的工程技术人员，现场出现了"爆满"现象。

为满足我国高速铁路桥梁防水市场的巨大需求，展会期间，特别举办了"高速铁路桥梁防水技术研讨会"，铁道部工程管理中心、京沪高速铁路股份有限公司、铁道部产品质量检验中心、多家的铁路勘察设计院、铁路监理公司、全国各铁路建设公司派60余名代表参加研讨会，还有其他有关机构代表、专家和防水企业代表共180余人参加研讨会。

展商通过在展会上的一系列宣传推荐活动，企业形象和产品形象在业界得到提升，影响扩大。观众能够从本届展会的参展商中，了解到建筑防水领域的新技术、新产品及其生产企业，了解他们需要的最有价值的信息。众多国际采购商纷纷到此"探宝"，展会的国际化程度和知名度进一步提高。展会为用户和生产企业搭建了一个高效、全面、可靠的信息沟通和交易的平台。我们将坚持为参展商开拓商机服务，为观众获取最有价值的信息服务，促进行业发展，服务建设领域。

再次对您参加"第六届中国国际屋面和建筑防水技术展览会"表示感谢。

中国建筑防水材料工业协会

思考题：

1. 请分析这篇感谢信的结构和写法。

2. 依据上述材料写作一篇会展新闻稿。

第 六 章

会展现场服务文案

【本章导读】

会议活动是一种服务性活动，因此，从某种意义上说，会展竞争是一种服务竞争。服务水准的高下，往往决定会展活动的成败。会展现场服务文案是会展活动主办者、承办者向与会、参展、参观的客人提供服务的重要形式和重要工具。一份会议议程、一本参展商服务手册、参观指南与展览会会刊，都能给客人提供帮助，使他们感到方便。一张报到注册表与签到表能够使主办方及时掌握报到、出席、参观的人数，以便做好会展接待工作。并且，这些信息经过统计分析后还可以成为会展评估报告或总结的重要数据。

本章通过介绍会展现场服务文案写作，详细地介绍了议程、日程和程序、报到注册表与签到表、会展证件和证书、参展商服务手册、参观指南与展览会会刊、布展和撤展通知的撰写，通过这些文案可以更好地为会展现场服务。

【学习目标】

1. 了解议程、日程和程序的含义、结构及写法；

2. 掌握报到注册表与签到表的含义及结构和写法；

3. 掌握会展证件和证书的含义及结构和写法；

4. 掌握参展商服务手册的含义及结构和写法；

5. 掌握参观指南与展览会会刊的含义及结构和写法；

6. 掌握布展和撤展通知的撰写的含义及结构和写法。

【导入案例】

参加欧洲展览会的参展商和参观者经常有一个共同的感受———参展商来自世界各地，而且观众也同样来自五湖四海。在那里，展览会影响早已超出国界的限制，成了名副其实的国际盛事。与欧洲相比，美国虽然是世界经济强国，但展览会的国际性远不及欧洲。在大多数情况下，美国展览会更多地是为了满足美国各州间贸易往来的需要。在美国展览会上，最活跃的交易是在批发商和零售商间进行，外国参展商的成交常常是小批量的，单个合同成交额一般都小于欧洲。尽管如此，由于美国市场容量巨大，美国展览会对国外参展商的吸引力仍然不小。

欧美展会形成了各自不同的风格和特点，欧洲的展览馆或会展中心一般都由专门的博览局来管理和经营，它们除自己举办展览会、向一些专业协会组织或私有展览公司出租展馆外，有的还拥有自己的专业展览服务部门，可以向其他展览会组织者和参展企业提供相关展览服务，如道具租赁和展馆施工等，这与美国的做法也有很大的不同。美国展览场地的所有者与展览会的组织者截然分开，展览馆出租展览场地和设施，没有自己的展览项目，而展览会组织者一般没有自己的展览馆，办展时需要从展览场地的所有者那里租用展览馆和设施。还有就是欧洲绝大多数国家的政府都十分重视展览业的发展，因此欧洲展览业在经济生活中的影响力以及政府对展览业的支持力度常常超过美国。

第一节　议程、日程和程序

一、议程

会议期间的活动基本上可以分为两类：一类是议题性活动，即针对会议所要讨论、解决的各项问题所展开的报告、讲演、辩论、商讨、审议、选举和表决等活动，其特点是以口头或书面的形式交流信息，是会议活动的主体部分；另一类是仪式性活动，即穿插在活动中的颁奖、授勋、签字、揭幕、剪裁、奠基、升旗等仪式而举行的活动，其特征是动作性、程式性较强，因此也可称为非议题性活动。会议议程是对议题性活动的程序化，把一次会议的各项议题按照主次、轻重的原则以及先报告、再讨论审议、后表决的次序编排起来并确定下来。因此，会议议程是特定的会议按照主次、轻重的原则确定全部议题性活动先后顺序的文书。

使用"议程"这一文种，要注意下列几点：一是"议程"仅用于事先设定议题，并以讨论、表决议题或者磋商、谈判为目的的会议，仪式类活动的顺序安排不使用"议程"，而使用"程序"；二是"议程"必须涵盖会议的全部议题；三是"议程"安排常

常较粗，需要会议日程加以细化；四是法定性会议（代表大会、理事会等）的"议程"具有法定性，必须提交全体代表（预备会议）事先通过，然后再执行。

议程的结构和写法包括以下方面：

1. 标题

由会议全称和"议程"二字组成。

2. 稿本

议程须提交预备会议通过的，应在标题后面或者下方居中，用圆括号注明"草案"二字。无须大会通过的议程则不用标明稿本。

3. 题注

议程如果已经获得大会通过，则去掉"草案"二字，要在标题下方注明该议程通过的日期、会议名称，并用圆括号括入。无须大会通过的议程可注明会议的起讫日期，如：（2019年3月5日~8日），也可注明会议的主办单位等信息。

4. 正文

议程的正文要简要概括地说明会议每项议题性活动的顺序，一般采用主谓结构或动宾结构的短语，用序号标注，句末不用标点。

5. 署名和制定日期

由会议组织机构确定、无须大会通过的议程应当标明制定机构的名称和制定日期。已写明题注的议程则无须署名和制定日期。

二、日程

日程是把一次会展的全部活动项目和内容，按天或上下午的单位时间做出的具体安排，包括会议日程、展览日程和节事日程。会议日程不仅要细化会议议程框架内的全部议题性活动，还要具体安排会议中的各项仪式性活动，如开幕式、闭幕式等，有时还可以包括报到、招待会、参观、考察、娱乐、离会等辅助活动和工作环节。展览日程一般包括报到、开幕式、布展、开馆、闭馆、撤展等安排。

日程的结构和写法包括以下方面：

1. 标题

由会展活动的名称加上"日程"或"日程安排""日程表"组成。

2. 稿本

会议日程如果需要在大会上或主席团会议上通过，在提交时应写明"草案"，并用圆括号括入，放在标题之后或者下方居中。

3. 题注

在大会上或主席团会议上通过的会议日程，应当写明题注，具体写法同会议议程。其他会议和展览日程应在标题下方注明举办的年份。标题中已经显示年份信息或者署名处已写明制定年、月、日的，则可省去不写。

4. 正文

正文部分有两种格式：

（1）表格式。表格式的优点在于会展活动的各项安排能够一目了然，适用于需要交代各项具体信息的会议或配套活动较多的展览会和节事活动。表格式日程安排一般以上午、下午、晚上为单元，如有必要，也可利用中午和傍晚的时间。每个单位时间可再分成几段，以适应不同活动的需要。内容上一般要设活动的时间、名称、内容、主持人（召集人）、参加对象、活动地点、活动要求（备注）等项目。

（2）日期式。即按日期先后排列会议的各项活动，每项议程和活动名称前标明序号或起止时间。展览日程安排较多采用日期式，一般按报到、布展、开幕式、开闭馆、撤展的环节写明具体日期和时间。

5. 署名

一般由会展组织机构的秘书处或展务组署名。在大会上或主席团会议上通过的会议日程由于已有题注，无须再署名。

6. 制定日期

不经大会或主席团会议通过的会议日程要写明制定的具体日期。

三、程序

在会展活动中，程序是指事先确定的一次单独举行的会议（或会议中的单元活动）以及仪式中的工作环节和活动细节的先后顺序。例如开幕式、闭幕式、选举、表决、签字仪式、颁奖仪式、启动仪式等仪式类活动，应当制定程序。

程序写作的内容要比议程更为详尽，从会议或仪式开始到结束的每个活动细节的名称要非常清楚，如宣布会议或仪式开始、奏国歌或唱国歌、升旗、致辞、颁奖、献花、宣布会议或仪式结束等；致辞人、发言人、颁奖人、剪彩人的身份、姓名、发言题目、颁奖性质和等级等要十分具体、准确。程序是主持人掌握会议进程的依据，也可以分发给与会者和记者，便于他们详细了解会议或仪式的具体内容和进程。

程序的结构和写法包括以下方面：

1. 标题

标题由活动名称加上"程序"或"顺序表"组成。

2. 题注

程序应标明活动的具体日期、地点、主题、主办单位等信息，以便于散发或刊登宣传。标题中已显示的信息可省去。

3. 正文

正文有两种格式：

（1）序号式。即用汉字或阿拉伯数字标引各项具体活动的名称、内容，列出相应的活动步骤和细节，要求详细、明确。

（2）时间序列式。即把各项会议活动以较为精确的时间排列先后，其优点是容易控制各项活动的时间，保证整个活动按预定时间结束。

4. 署名

署名一般为组委会或会议秘书处，也可省去。

第二节　报到注册表与签到表

一、报到注册表

参加会展活动的对象（与会者、参展者、观众）抵达会展现场时，向组织机构出示有效证件、办理登记手续、确认已经到会到展的手续，均称为报到注册。在报到时要求报到者填写有关报到者个人及单位情况的表格称为报到注册表，或称注册登记表。

报到注册表与注册申请表是两种不同的会展文案，前者是报到时使用的，后者是报名申请参展、参会时用的。

注册表应该精心设计，要充分考虑实用性和全面性，以便掌握实际参会、参展、观展的情况，为总结评估提供数据，同时也可以为建立客户数据库做准备。

报到注册表的结构与写法包括以下方面：

1. 标题

写明会展活动的名称和"报到注册表"或"注册登记表"。配套活动较多，代表们分别参加其中某项活动的，或者参加者数量较大，需要分类别报到注册的会展，可在标题中写明类别。

2. 会展时间和地点

时间写会展的起始和结束日期，地点写会展的具体场馆名称。

3. 正文

正文一般采用表格的形式。一般可设姓名、性别、年龄、学历、专业、职务、职称、国别（地区）、工作单位名称、单位性质、通信地址、邮编、电话、传真、电子邮箱、房间号码、报到时间、报到编号、随行人员等信息栏。以上项目可根据实际需要选择设计制作。会议名称、时间、地点等，应该安排在显眼的位置。

【注册表范例】

第十届中国国际金属成形会议注册表

一、代表信息

单位名称：　　　　　　　　　　单位地址：

电话：　　　　　　　　传真：　　　　　　　　联系人：

邮箱：　　　　　　　　网址：　　　　　　　　手机：

参会人员：

姓名：　　　　　　　　性别：　　　　　　　　职务：

手机：　　　　　　　　E-mail：　　　　　　　企业参观

二、收费项目

1. 会议费□会员会议费￥2800 元　　□非会员会议费￥3400 元

2. 赞助商申请

□我公司欲作为第九届中国国际金属成形会议钻石赞助商，金额：80000.00 元

□我公司欲作为第九届中国国际金属成形会议黄金赞助商，金额：50000.00 元

□我公司欲作为第九届中国国际金属成形会议白银赞助商，金额：20000.00 元

□我公司欲作为第九届中国国际金属成形会议普通赞助商，金额：10000.00 元

3. □我欲在第九届中国国际金属成形会议上做会议讲座报告，金额：8000.00 元。

以上款项合计人民币元，请传真此表格后一周内将款项电汇以下账户，并将汇款凭证传真至中国锻压协会。

三、论文征集（2017 年 7 月 31 日截止）（注：提供论文并参加会议的作者，给予会议费 10% 折扣。）

□我欲参加本次会议论文征集活动，论文标题：

□我欲参加本次会议讲座，讲座题目：

填表人签章：

填表日期：　　　年　　　月　　　日

二、签到表（簿）

与会者或参展工作人员每次出席会议或进入展馆时在专门的表单签字，以证实其已经到会或到展、确认领到有关文件资料和证件的手续称为签到。签到时的表单称为签到表（簿）。签到表（簿）是统计参加会议的人数、检查缺会情况、掌握日客流量、加强展位管理的工具。有的签到簿还具有珍藏、纪念和作为历史凭据的作用。

签到表（簿）的格式包括以下方面：

1. 封面

如签到的代表较多，或举行喜庆类的仪式，签到表（簿）可设置封面，写明标题、主办单位、时间、地点等。

2. 标题

一般由会展活动名称和"签到表（簿）"组成，如"××论坛开幕式签到表"。

3. 正文

正文一般制成表格，内容项目包括：

（1）主办单位名称。标题中未显示会展名称的，必须在正文中标注。

（2）举办时间。写明具体的年、月、日、时、分。

（3）举办地点。写明具体场馆名称。会议签到表要写明场馆名称、楼号号码。

（4）应到单位名称或应到人姓名。可事先打印，留出签字的空格。以此方式，主办单位可对缺席情况一目了然，同时也便于统计参加人数。会议如有正式代表与列席代表之分的，应当分栏签到。

（5）签名。由与会者在相应的空格内对号签名。

（6）签到时间。有的会展组织者还要求签到时同时注明签到时间，以便掌握签到者实际到会、到展的确切时间。

第三节　会展证件和证书

一、会展证件

会展证件是指会展活动举办期间，为便于管理和服务，主办单位要求参加人员、工作人员及其他进入场馆的人员佩戴的证明身份和书面凭证。会展证件具有便于加强安全管理、便于搞好接待服务、便于与会者之间交流和联系、便于对会务和展务工作人员进行有效的监督、便于统计参加会展活动的人数等作用。

1. 会展证件的种类

（1）出席证。出席证只能发给正式的会议成员。

（2）列席证。列席成员的的证件称为列席证，与出席证相区别。

（3）旁听证。旁听成员的证件只能称为旁听证，同列席证应有区别。

（4）来宾证。用于特邀代表。部分展览活动还将来宾证分为贵宾证和嘉宾证。

（5）参观证。即观众进入会展现场时必须出示的证件，有些参观证还细分为专业观众证和观众证。

（6）记者证。用于经批准或应邀前来执行会展活动采访任务的记者。

（7）工作证。用于会务和展务工作人员。

（8）布展证、撤展证。即参展商进场布展、撤展的有效证明。

2. 会展证件的主要内容

（1）会展活动名称。证件上的会展活动名称必须写全称。

（2）会徽。会展活动如有会徽，可将其印在证件上。

（3）姓名。写证件持有人的姓名。其中，外国人写外文姓名。

（4）照片。持证人必须将自己的照片贴到证件上。

（5）证件名称。根据持证人的身份、资格标明"出席证"、"列席证"、"工作证"、"布展证"等。要用较大的字号醒目标识。

（6）代表团或工作单位名称。以国家或地区名义派出的代表团，写国家或地区的名称；单位代表写单位名称；以个人身份参加的代表，写明其国籍。

（7）证件编号。为便于登记、查找和管理，证件应统一编号。参展证要标明展位号。

（8）日期。会议证件标明会议活动实际举行的日期。参展证、布展证和施工证标明有效期。

（9）持证须知。为了加强证件管理，可以对持证人提出一些要求，如"不得转借"及安全注意事项等，并将其印在证件的背面。

3.会展证件的式样

会议证件的式样通常设计成长方形的胸卡或襟牌，横式、竖式均可，大小要适中，质地要牢固，能反复多次使用。设计格调要与会议的性质和气氛相适应。涉外会展活动的证件，每个项目可用中文和外文两种文字标注，中文在上，外文在下。不同种类的证件一定要采用不同的底色、字体、图案等作明显的区别，以便于识别和管理。

【会展证件参考样式】

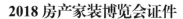

2018 房产家装博览会证件

二、会展证书

会展证书是指由会展主办单位制发的，证明参展者或与会者在会展活动中获得某项荣誉或奖项、发表报告或演讲的文书。会展证书具有证明的作用，同时也常常是获得者收藏的珍品，这要求证书制作应当精美，便于永久保存。

会展证书的结构与写法包括以下方面：

1. 标题

用醒目、漂亮的字体居中标注于证书上方，一般写"奖状""证书""荣誉证书"等，也可写明会展活动的名称或奖项名称。

2. 称谓

获奖证书有两种写作人称：如采用第二人称的写法，必须写称谓，如"××公司"或"×××同志"，后加冒号；如采用第三人称的写法，则不必写称谓。

3. 正文

正文一般要写明获奖的作品或产品的名称、奖项或荣誉称号的全称和等级，有时也可先写明评选的程序，如："经××论坛学术委员会认真评选"，再写获奖的事项。结尾可另起一行写"特授此证"。采用第二人称写作的，正文中要出现"你"或"您"，以示与称谓相照应；采用第三人称写作的，由于不写称谓，正文中要写明获奖者的姓名。获奖作品有共同作者的，应当逐一写明姓名。

4. 颁证机构

正文右下方写明颁证机构的全称并加盖公章。

5. 颁证日期

写明评定的日期或正式颁证的日期。

【会展证书范例】

奖状

××公司：

你公司在第七届××博览会上展出的×××产品荣获"××博览会××奖"。

特授此证

第七届××博览组委会（章）

二〇一五年五月十日

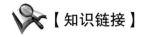

参展技巧攻略：如何实现最佳宣传效果

哪里还能找到机会，让你在一个自己设计的三维空间里与成百上千也许成千上万的潜在顾客或现有顾客面对面地交谈？让你在短短几天里找到比你旗下的业务员奔波一整年还要多的销售线索？展览会是你能找到的、绝无仅有的销售和营销工具。然而，参展对任何一家企业来说，无不都想实现最佳的宣传效果，究竟如何实现最佳的宣传效果呢？

企业参展应该运用以下几个小技巧：

1. 合理设计好展位。确立标准、选好展位、设计好展位造型，这是参展单位必须要考虑的第一个环节中的三步棋。确立好展位标准，这个标准就是参展单位所需要的展位规格的大小以及资金的投入问题。选择好展位，主要选择好展位地点，展位的地点非常重要，如果地点位置选好了，就能起到事半功倍的效果。反之，只能起个陪衬而已。一般说来，展位的地点最好选择开幕式主席台对面及两侧、入口处的正门口，或正门口的两侧、出口处的后门口或后门口两侧等。设计好展位造型。展位造型的设计（也叫展厅造型设计）是一项非常重要的课题，直接影响到展览是成功还是失败。因此，设计好展位造型也就等于实现了展览成功的一半。展位设计主要包括展位的造型，展位的组合内容以及展位的产品摆放等。

2. 忌犯常识性问题。如：不重视参展员工的作用、忽视参观商的需求、不熟悉产品演示、设立太多代表处、忽视展后工作的跟进、忽略展览会效果评估等。

3. 注重参展效果。展览是要讲究效果的。任何参展商都会有这种愿望和要求。然而能够实现这种愿望和要求的并不多，甚至有些参展商也就没有注意到这个问题，匆匆而来，草走过场，过后不纠，这是最愚蠢最昂贵的投入形式。所以说，参展要讲究参展效果，要达到一种目的或者是最佳的效果目的。这才是参展所需要的和所追求的。

第四节　参展商服务手册

参展商服务手册（又称参展说明书、展览手册）是汇集展览会的基本信息、服务项目以及参展规则的文案。参展商服务手册内容详尽，既是帮助参展商做好参展准备工作的指导性文件，又是办展机构实施现场管理和服务的纲领性文件。其中对参展商的各项规定和服务承诺，在参展合同订立后，对双方都具有约束力。

一、参展商服务手册的主要内容及写作要求

参展商服务手册的内容范围与招展公告或参展邀请书基本上一致，但内容表述上更

加详细和具体。

1. 展会的名称、主题、宗旨、历史

如已在招展公告或参展邀请函中作了详细介绍，这部分内容也可简化。

2. 展览会的时间

包括布展日程和具体时间、开幕式举行时间、对专业观众和普通大众开放的日程和具体时间、撤展时间、布展撤展的加班规定、参展工作人员作息时间等。上述时间的表述要尽量精确。

3. 展览会的地点

要求写明具体的城市、地址和展馆名称。

4. 组织阵容

具体写明主办（联合主办）、协办、支持、赞助、承办单位的名称，组委会的组成人员名单（包括名誉主任、主任、顾问、副主任、委员的姓名及其现任职务），执行委员会组成人员名单，秘书长和副秘书长名单，组委会、秘书处的下设机构及其分工、联系方式。

5. 展览场地基本情况

包括展馆及展区平面图、到达展馆的交通路线图、展览场地的基本技术数据等。绘制展馆及展区平面图时，要注意标明展馆各种服务设施所在的位置、展区和展位划分的详细情况、展馆内部通道和出入口等；在绘制展馆的交通图时，要注意标明展馆在该城市的具体位置、到展馆可以利用的各种主要交通工具和交通路线、各指定接待酒店在该城市的具体位置等；对于该展览场地的基本技术数据，要清楚准确地列出地面承重、馆内通风条件、货运电梯容积容量、展馆室内空间高度、展馆入口高度。

6. 正文

由于参展商服务手册常常印制成精美的小册子，版式设计新颖活泼，因此，其正文的写作格式也较为灵活。既可采取章条法或序号法的结构形式，也可不标注任何序号，而通过大小标题、字体字号的变化表示层次。

7. 相关表格和图片

参展商服务手册的制作应当图文并茂。表格和图片有两类，一类是辅助说明性的表格，插在正文的相关内容中；另一类是实用性表格，如展览服务申请表、聘请临时服务人员申请表、额外工作证和邀请卡申请表、研讨会和技术交流会申请表、刊登会刊广告申请表等。

二、参展商服务手册制作的要求

1. 实用

参展商服务手册的制作目的是指导参展商进行筹展、布展、展览、撤展，以及更好地利用展览会提供的各项服务，同时也便于办展机构搞好展会的管理和服务，因此，参展商服务手册的内容必须具有鲜明的针对性和实用性。

2. 简洁明了

参展商服务手册的内容必须详尽细致，但对各方面内容的说明和叙述应该简洁、明白、准确，尽量使用行业熟悉的语言，所涉及的术语要规范，让人一看就懂，不会产生歧义，否则就会引起争议、产生纠纷，既不利于参展商展出，也不利于主办单位进行现场管理。在内容编排上也要符合参展商筹展的程序，不能让他们翻来覆去地寻找自己需要了解的内容。

3. 美观

参展商服务手册的排版、印刷、用纸都要非常讲究。排版印刷要避免出现错别字和其他印刷错误。用纸要考究，与展会的品牌相匹配。

第五节　参观指南与展览会会刊

一、参观指南

参观指南是在展会举办期间向观众告知会展的有关信息，引导观众参观，提高参观有效性的指导性文书，也是展会现场的一种宣传和服务方式。参观指南能给进入现场的观众一目了然的感觉，既可以了解展会的整个框架，又可以合理安排参观的路线，不至于把想看的、想了解的内容遗漏掉。

参观指南的主要内容包括以下方面：

1. 展馆分布图

通过展馆分布图，可以综观整个展览会的租馆规模和各种不同服务功能的所在地，了解每一个展区的分类和各展馆内的服务设施。

2. 展览会的综合信息

包括展览日程、班车时间、接送地点、酒店服务等。

3. 活动及会议安排

一般展览会都有配套活动和会议（论坛）的安排，要写明活动及会议的名称、时间、地点、主讲人姓名和身份等。

4. 展区安排

包括国际、国内展区的摊位图以及相应的参展企业名单。

5. 下届展览会的信息

如果下一届展览会的时间和地点已经确定，可以在本指南中宣传这些信息，便于观众了解和掌握动态，安排出时间来参观下一届展览会。

【参观指南】

20××年第××届××消费品交易会观展指南

上海展览中心

展出时间：10月20~22日

进场时间：10月20~21日9：00—16：00

　　　　　10月22日9：00—14：00

上海光大会展中心

展出时间：10月20~23日

进场时间：10月20~22日9：00—16：00

　　　　　10月23日9：00—14：00

▲西馆一楼上海国际生活电器博览会（上交会生活电器馆）

▲东馆第××届中国酒类、饮料暨超市食品展览会

进场办法：

> 凭商务请柬和名片登记入场

> 谢绝儿童及非专业观众进场

> 两馆证件通用

交通班车（上海展览中心—上海光大会展中心）

上车地点：上海展览中心（喷水池广场）

　　　　　上海光大会展中心（习勤路口）

发车时刻：10月20~22日　　　10：00—15：30每半小时发车

　　　　　10月23日　　　　　10：00—13：30每半小时发车

二、展览会会刊

展览会会刊是指由主办单位统一编制、集中刊登所有参展商名称、LOGO、主导产品和业务、联系方式、展位编号以及位置的宣传性、服务性手册。

1.展览会会刊的作用

展览会会刊具有以下作用：

（1）便于专业观众查找对口的参展商。

（2）便于参展商之间相互拜访、洽谈。

（3）刊登参展商的广告。

（4）通过多种渠道将会刊分发到所有参展商、专业观众、行业协会或商会、外国驻华机构手中，借此帮助参展商扩大宣传，同时也宣传了展会。

（5）归档保存，为日后留下参考资料。

2.展览会会刊的主要内容：

（1）前言。前言部分简要介绍展会的意义、宗旨、已经取得的成果以及本届展会的特色，也可在这一部分中刊登对参展商和观众的参展、观展表示欢迎和感谢的献辞以及有关方面的贺词。

（2）办展机构及联系方式。介绍主办单位、承办单位、协办单位、批准单位、支持单位、合作媒体和网站、搭建单位、承运单位等，同时要列出这些单位的联系方式。

（3）展会的时间。包括展会的布展搭建、展出、撤展的具体时间。

（4）展会的地点。说明举办展会的具体场馆名称、地址、地理方位、交通线路、场馆以及各展位的平面分布图。

（5）相关活动。包括开幕式、新闻发布会、欢迎宴会、论坛、闭幕式等。

（6）广告插页。主要刊登参展商的广告。

（7）参展商名录。一般要收录参展商的单位名称、地址、联系方法、展位号，也可以刊登参展商及产品简介。参展商名称一般按照展位号码的顺序或名称的笔画（字母）排列。为方便检索，也可以另外编制参展商名称索引。

（8）其他服务信息。主办方认为需要在会刊中刊登的信息，如调查表、备忘录、入场须知等，只要能为参展商和观众提供方便的信息，都可以收录。

3.展览会会刊的结构和写法

（1）外观与封面设计。展览会会刊的外观设计既要强调大气，又要便于携带，一般在 32 开 ~16 开。封面要突出显示展会的名称、LOGO、举办时间和地点，涉外展会要用中英文对照。封面的主色调要与展会的形象识别系统设计的风格相一致。

【展览会会刊参考样式】

（2）目录。由于会刊的页数较多，设置目录可以方便查找。

（3）正文。除前言外，各项内容板块可以分若干章，也可不分章，直接列出各内容板块的小标题。参展商名录的表述格式要一致，并按规定的顺序编排。涉外展会的会刊要用中英文书写正文。

（4）插页。主要用于刊登广告。

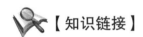【知识链接】

欧洲会展产业发展现状分析

欧洲的会展产业一直被认为是现代国际会议的起源，更是会展产业最具规模、最具分量的产业领袖。全球几乎超过50%的会展经济及市场在欧洲。这样的经济及市场规模得以形成，与其本身的国家多元性、地理位置、历史背景、经济及生活质量、交通便利性以及社会化成熟程度有着极其重要的关系，而且其中的几个国家和城市更是不遗余力地投入资金及专业研究资源，推动会展产业的发展，创造其特殊的竞争实力。

依据世界各个重要的国际会议组织，如ICCA、UAI（都是设在欧洲）的相关统计及评估，全球前十名的社团会议（Association Meetings）会展中心城市（2000—2004年）分别是：（1）巴塞罗那（西班牙）；（2）哥本哈根（丹麦）；（3）斯德哥尔摩（瑞典）；（4）维也纳（奥地利）；（5）里斯本（葡萄牙）；（6）布达佩斯（匈牙利）；（7）新加坡（新加坡）；（8）首尔（韩国）；（9）爱丁堡（英国）；（10）赫尔辛基（芬兰）。其中八个城市都位于欧洲，可见其发展的实力，确实让人不敢小觑，几个会展大国如英国、德国、法国、意大利、西班牙、瑞士和葡萄牙等都足以作为欧洲的具体代表。对于社团性会议，特别是国际社团会议，欧洲主导着相当大的市场。

奥地利人宣称现代第一场国际会议是 1815 年在奥地利的维也纳举办的。2002 年 ICCA 资料显示，其所统计的国际组织共有 5824 个，65% 的国际组织的总部及秘书处设在欧洲，与前些年相比略为降低；以洲际区分看，59% 的国际会议选择在欧洲召开；从与会及参观展览的人数而言，欧洲的人数占了 57%。西班牙是出席会展人数排名全球第二的国家，而德国则是排名第四。

近些年来，虽然面临全球经济不景气问题，会展产业的利润下降、成本升高，但是作为会展领袖的欧洲各国，却仍然运用更多的高科技投资，进行 E 化改革，即大量运用客户关系管理的电子化（Customer Relationship Management，CRM），如在线预订系统，创造更人性化的服务理念，以及工作流程标准化等做法，减少各种经济困境所引发的会展产业损失。而这些努力，为欧洲几个会展重镇，如德国（展览）、英国及法国（会议展览）、西班牙及意大利（节庆）等保住其盟主的地位发挥了重要作用。

根据德国贸易展览协会（AUMA）的统计资料显示，截至 2001 年 1 月，欧洲超过 10 万平方米以上的展览馆有 24 个，超过 20 万平方米的展馆有 7 个（分别是德国的汉诺威、法兰克福、科隆、杜塞尔多夫，意大利的米兰，法国的巴黎，西班牙的瓦伦西亚）。目前世界较大型的展览馆绝大多数集中在欧洲，在欧洲举办的专业展览会占世界总量的 60% 以上，展出效果、参观人数、参展外商比例、展场规模、展商规模等均居世界之首。

目前，欧洲有三大展览大国（展览总面积超过 230 万平方米）：

（1）德国号称世界展览王国，有 23 个大型展览中心，每年要举办 400 多个国际展会，在全球影响较大的 210 个专业展览会中近 2/3 的展会在德国举办。不仅如此，为了保持德国品牌展览的领先地位，德国在世界各地设立展览机构办事处，高达 386 个，这确实形成了全球化展览网络。迄今，德国知名的会展城市，不但以品牌开创了高知名度，更以城市的特殊产业开发其特色，如法兰克福书展、纽伦堡玩具展、杜塞尔多夫印装展、汉诺威工业博览会、柏林旅游展和莱比锡国际车展等。

（2）英国近年来全力开发展览产业。公认的第一个世界博览会是在英国伦敦召开的，英国更希望能在欧洲展览列强环绕的局面中开创出一条自己的道路。1999 年英国举办了 900 场展览会，但多为国内展览，也以中小项目为主，其规模及影响力均不及其他国家。然而，英国培育出的励展集团（Reed Exhibition）、蒙哥玛利展览公司，却是世界知名的跨国展览公司。英国近年来全力开发国外市场，已经在整体规划投资中，获得相当大的投资回报，目前较成功的会展城市有伦敦、伯明翰、爱丁堡及格拉斯哥等地。

（3）法国在全球展览业方面一直是最发达的国家之一，在每年 1500 多场的展会之

中，国际性或全国性的展览有 175 个。其主要优势是具有综合性的展览，虽然近年来其发展势头有所减缓，但法国在开发专业的展览会上的努力已渐有成效，如其航空展、时装展及设计展等。法国拥有超过 160 万平方米的展馆，广泛分布在法国 80 个城市。巴黎依旧是法国的展览重镇，近一半展览选择在巴黎。另外两个主要的区域是里昂附近的隆纳——阿尔匹斯区（Rhone Alpes）和科戴阿祖省（Provence Alpes Cofe d'Azur）。

第六节　布展和撤展通知

一、布展和撤展通知的含义和作用

1. 布展和撤展通知的含义

布展和撤展通知是展会主办或承办单位就布展和撤展的相关事宜向参展单位或个人发布信息、提出要求的文案。布展通知一般与参展确认书一起发出，撤展通知在临近闭展前发出。展期较短、规模较小的展会，也可以将布展通知和撤展通知合并制作，在参展前发出。

2. 布展和撤展通知的作用

布展和撤展是展会举办期间两件非常重要的工作。做好这两项工作，事关展会能否安全、顺利和圆满地完成。布展和撤展通知是展会主办或承办单位就布展和撤展的事宜专门发出的通知，要求参展单位或个人遵照执行，在展会管理上具有指导性和约束性。也就是说，凡是参展的单位和个人，在接到通知后都必须按照通知的要求严格执行，否则就属于违约行为，主办单位有权在合同的框架中予以惩罚。

二、布展和撤展通知的内容和结构

布展和撤展通知的主要内容包括展会的名称、布展和撤展的具体日期和时间节点、布展和撤展的具体要求、布展前和撤展后必办的手续以及其他相关事宜。

布展和撤展通知的结构与写法包括以下方面：

1. 标题

由展会名称和布展通知或撤展通知组成。

2. 致送对象

一般写统称，如"各参展单位"。如正文中已写明了对象，也可省去致送对象这一要素。针对特定对象的通知，则不能省略致送对象。

3. 正文

逐条逐项写明通知的具体要求，小标题和结构层次序数一定要清楚明确。

4. 署名和日期

署主办单位或承办单位的名称。如成立组委会或秘书处的，也可署组委会或秘书处的名称。日期写发出日期。

【范例】

2015 中国国际××博览会布展、展览和撤展通知

各参展企业：

"2015 中国国际××博览会"将于 2015 年 5 月 28~30 日在××国际会展中心如期举行，请各参展企业准时前来布展。

一、布展、展览和撤展地点

××国际会展中心

在此，首先感谢各位参展商朋友对本届展会的大力支持和帮助，并请您准时前来布展。

二、布展、展览和撤展时间

布展时间：2015 年 5 月 26~27 日（星期二至星期三），每天 8：00—17：00。

展览时间：2015 年 5 月 28~30 日（星期四至星期六），每天 8：00—17：00。

撤展时间：2015 年 5 月 30 日（星期六），14：00 开始。

三、布展须知

1. 布展期间，不得私自拆装展具和随便增加展位配套设施，如另需其他展具，请到服务处办理展具租赁手续，不得私自引接电源，如有需要请找组委会协调，安排专人负责解决；布展时不准在展具上钉钉子、钻孔、涂乳胶、双面胶等；如在布展期间对展馆和展具造成破坏的，将按××国际会展中心的规定赔偿；

2. 参展企业不得在展位外的其他地方随便张贴广告或展示产品；

3. 所有参展企业尽量在规定时间内完成布展，如需加班请提前 2 小时联系组委会办理相关手续，以免给您的参展带来不必要的麻烦。

四、展览须知

1. 参展商必须准时入馆展示；

2. 布展、展览及撤展期间，每家企业至少有人留守展位，看管好自己的参展物品及个人物品，如有丢失，企业自行负责；

3. 为保持展馆秩序，所有参展人员进出展馆时请正确佩戴参展证；

4. 展览期间每天 17：00 闭馆，请提前做好闭馆的准备，到时自动离馆。

五、撤展须知

1. 所有企业必须在 5 月 30 日 14：00 开始撤展，当日撤完。

2. 所有企业撤展时必须到组委会开具撤展证明后方可出馆。

3. 展馆内的配套物品，不准带出馆外，并注意保管好自己的物品，如有丢失，企业自行负责。

如有任何疑问，可以致电××展览有限公司，电话：××××××

××展览有限公司

2015年5月21日

【复习思考题】

1. 简述议程、日程和程序的含义、结构及写法。

2. 简述报到注册表与签到表的含义及结构和写法。

3. 参展商服务手册的含义及结构和写法是什么？

4. 会展证件和证书的含义及结构和写法是什么？

5. 参观指南与展览会会刊的含义及结构和写法是什么？

6. 掌握布展和撤展通知的撰写的含义及结构和写法。

【案例分析】

我们都知道，会展服务管理是现代服务业发展中必不可少的新兴领域，在会展产业链中处于核心位置，它决定着整个会展工作的成败。广义的会展服务概念是指会展企业和与会展活动相关的企业向会展活动的主办者、承办者、与会者、参展者、客商以及观众所提供的全方位服务。而狭义的会展服务概念是指在会展过程中，由主办者、承办者向与会者、参展者、客商以及观众所提供的各类服务。具体来讲，包括展会现场的租赁、广告、安保、清洁、展品运输、仓储、展位搭建等专业服务，也包括餐饮、旅游、住宿、交通、运输、地方特产等相关行业的配套服务。

良好的会展服务能够带来高的经济效益，能够激起参展观众的购买欲望，观众至少不会对展会产生厌倦。所以会展服务在会展中处于核心地位，决定了整个会展的成败。那么，怎么样才算作是好的会展服务呢？或者说怎么样去做好会展服务呢？除了一些基本的服务外，"人"的因素在会展服务中显得更为重要。会展活动是一个围绕着人来进行的、参与人数众多且密集的短期事件，因此为提高活动参与者的满意度，达到活动参与者的预期期望，在会展活动中采用人性化的服务将有助于提高整个活动的影响力和美誉度。

会展场馆要做到人性化的服务，首先要分析会展活动的类型。不同的会展活动对场馆的服务要求有很大的区别，如展销会和纯粹的会议不同，纯粹的会议和大型节庆活动不同，因此分清活动的性质能有针对性地提供相应的服务。其次，场馆管理者可以对会展活动的参与者进行分析，将其划分为不同的类别，并根据各个类别的参与者进行行为特点分析，提供有针对性的差异性服务，从而满足大部分参与者的需求。最后，场馆的人性化服务需要对工作人员进行教育和培训。优良的服务质量实际上是来自场馆现场工作人员的表现，一个温暖的微笑、一个知心的问候都会给人以温馨的感觉。

不管怎么样，我们都应该重视会展服务中"人"的因素，人不仅要提供服务，更要让人感受到服务，这样才是最好的会展服务。

思考题：

1. 结合案例分析会展服务中"人"的因素的重要性。

2. 如何运用会展现场服务文案更好地为会展活动服务？

第 ⑦ 章

会展评估总结文案

【本章导读】

随着会展业的日益发展，展览、会议、节事活动的相关组织需要调研、评估和总结的工作越来越多。展会评估和总结是管理性质的工作，是会展整体运作管理中的一个重要环节。通过对展览环境、展览工作和展览效果等方面进行系统、深入的评价和总结，来更深刻地了解展览环境，对已经做过的工作做出客观、公正、真实的评价，同时也为以后的展览工作提高工作效率和效益提供有益的经验和教训。在文案编写的过程中，写作者要考虑评估总结报告面对的对象，要研究阅读对象的角度和关注点，应有所侧重，不能千篇一律。

本章详细地介绍了会展评估报告、会展总结报告的撰写，通过这些可以较好地检验会展活动是否达到预期的效果，从而发现问题，总结经验教训，以指导今后的会展工作。

【学习目标】

1.了解会展评估、总结文案的写作原则；

2.了解会展评估、总结文案的内容和结构；

3.熟悉会展评估、总结文案的写作中应注意的问题；

4.掌握会展评估、总结文案的写作方法。

【导入案例】

上海大学会展专业的 15 名研究生和 36 名本科生受第十五届中国上海国际艺术节组委会委托，独立主持社会接触调查评估，这也是上海大学会展研究院连续第三年应邀进行该项调查评估。

中国上海国际艺术节由原文化部主办、上海市人民政府承办，每年 10 月 8 日至 11 月 18 日举办，是中国目前具有影响力的艺术节，已跻身世界十大艺术节之列。自 2011 年开始，艺术节组委会就与上海会展研究院达成了合作协议，连续开展第三方调查评估。调查的目的是准确把握公众满意度，为艺术节的未来发展提供更精准的定位、更具体的目标、更科学的指导和更有效的策略。

据悉，为了更好地完成本次调研任务，上海大学会展研究院早在两个多月前就着手准备，并成立了专门的项目组，设立了组委会、督导员、调查员三级管理机制。在总结前两届调研经验的基础上，从项目分工、问卷设计、志愿者招募及培训、调研、实施、数据采集到报告撰写等各个环节，展开了全面系统的研讨和安排。截至 10 月 28 日，现场调研工作已过半，问卷采集数量相比往届同期增长了 12%。

（资料来源：《中国贸易报》。）

从上面所引的这则报道可以看到，在整个会展活动过程中，尤其是接近尾声的时候，对会展进行评价总结具有的重要意义。

当前，会展调查评价工作在世界会展经济发达国家已经发展得相当成熟。在这些国家通常是全国性统一的行业机构从事会展的评价、认证工作，对各类数据进行审核认证，定期公布认证结果，为会展业内和其他相关机构提供比较分析。德国是公认的世界展览王国，在世界营业额最大的 10 家会展公司中，德国就占了 6 家，全球五大展览中心中有 4 个在德国（杜塞尔多夫展览中心、汉诺威展览中心、科隆展览中心和法兰克福展览中心）。德国会展业成功的关键因素之一就是建立了完善的评价调查机制。这对于处于飞速发展的中国会展业来说具有极其重要的借鉴作用。

第一节　会展评估报告

一、会展评估报告的含义、特点和作用

1. 会展评估报告的含义

会展评估是指根据一定的目的和标准，遵循一定的原则，运用科学的方法，对会展的各项要素及其社会经济效益进行质和量的综合评价的活动。将会展评估的过程和结果

以书面的形式加以完整的表述，便形成了会展评估报告。

2. 会展评估报告的特点

（1）目的性。会展评估是会展管理的一个重要环节，是一项有目的、有计划的自觉活动。这里所说的"目的"对于不同的评估主体和不同的评估对象而言，可能不尽相同，但就总体而言，无论哪一类主体进行会展评估，都是为了实现既定的会展管理目标。

（2）专业性。会展评估是围绕会展主题、与会者、参展商、观众、时间、地点、展品、展位、服务、成本、成交情况等会展基本要素展开的，涉及会展管理的各项业务，因此评估内容具有很强的专业性。

（3）系统性。会展评估指标是反映会展活动的基本要素和本质特征的数量体系。任何一种评估主体在进行某项会展评估前，都要根据评估的目标制定切实可行的评估指标体系，包括完整的指标系统、权重系统和评估标准系统，以使评估的结果能够全面真实地反映会展活动的实际，体现会展评估的目的。

（4）科学性。会展评估不同于一般的回顾总结，它必须运用一系列科学的方法对各项指标进行分析和评价，比如运用历史的方法、统计分析的方法、定量分析和定性分析相结合的方法等。实践证明，只有采用科学的方法，才能保证会展评估结果的科学性。

3. 会展评估报告的作用

（1）加强宏观管理，促进会展业的良性发展。会展行业主管机构通过制定科学的评估标准体系，对各种会展活动进行科学评估，能够及时发现业绩良好的会展企业和具有品牌效应的会展项目，从政策上实施鼓励和扶持，有效地引导参展商和客商正确选择会展项目，同时通过制定政策，避免无序竞争、重复办展现象的出现，达到扶优汰劣、规范会展市场秩序的目的。

（2）提高会展项目管理水平，创建会展品牌。会展评估报告可以帮助主办者全面评价会展计划的执行情况，发现问题，改进会展项目的管理，同时也为办好下届会展提供基础数据的支撑。

（3）改进参会参展工作。对于参会参展单位来说，通过对参会参展的实际效果进行全面的分析、评价，可以及时发现问题，采取措施，在参加下一届会展时予以改进。同时，参展商和客商也可以从自身的角度对会展的整体质量进行评估，为决定是否参加下一届会展以及如何参会参展提供决策依据。

二、会展评估报告的基本内容

1. 会议评估报告的基本内容

（1）对会议主题和议题的评估。包括会议主题的现实意义、会议主题和议题的关系、与会者对议题的关心程度、议题的适量性等。

（2）对会议的议程和程序的评估。包括评价每项议程（如报告、演讲、讨论）和每项程序（如致辞、颁奖、剪彩、签字）的顺序是否恰当，是否符合礼仪，所用的时间是否合理等。

（3）对与会者要素的评估。包括评价会议邀请范围是否与会议的规格相适应，会议的规模是否合理等。

（4）会议发言评估。包括评价发言人的身份是否适当，发言的内容是否切合主题，与会者对发言的内容是否感兴趣等。

（5）会议时间评估。包括评价举行会议的时机是否同会议主题的背景相适宜，会期安排是否符合完成会议各项议程的需要，会议的周期是否合适，与会者对会议的日程和作息时间安排是否满意等。

（6）会议地点评估。包括评价会议举办城市的选择是否有利于推动当地的政治、经济和社会发展；会议举办城市的选择是否有利于扩大会议的品牌效应，是否有助于突出会议的主题，是否有助于吸引与会者；会议举办城市的接待能力（场馆、餐饮条件、机场、道路、交通设施等）是否满足了会议的需要等。

（7）对会议接待服务的评估。包括接站服务、报到注册、餐饮服务、游览观光服务、会场引导和咨询服务、同声翻译服务、饮水和茶歇服务等。

（8）配套活动评估。包括评价各项配套活动是否与大会的主题相适应，是否达到预定的目标和效果等。

（9）会议营销和宣传评估。包括评价会议营销和宣传的方式是否有效，广告选择的媒体和投放的时机是否最佳，媒体对会议的报道情况如何等。

（10）会议总体评估。包括评价与会者对会议的总体满意度，是否愿意参加下一届会议等。

以上所列的各项会议评估内容是就一般性会议评估而言的，不同的评估主体可以根据实际需要选择其中的相关项目进行评估。

2. 展览评估报告的基本内容

（1）办展目的和效果评估。包括参展商对参展效果的满意程度、主办方的办展收入等方面。

（2）参展商数量和质量评估。包括行业龙头企业或骨干企业以及境外知名企业的参展比例，有多少参展商表示参加或推荐他人参加下一届展会。

（3）观众的数量和质量评估。包括观众总数增加还是减少，境外观众的比例较过去是增加还是减少，观众的规格（具体职位和职权）有无提高，专业观众的比例有无变化，有多少专业观众表示参加下一届展会等。

（4）展览时间评估。包括展览会举办的时机是否合适，展期是否适当，办展频率是否合适等。

（5）展览地点评估。包括举办地的市场开放程度、产业结构、硬件条件、接待能力是否与展览会相适应，当地的政府、相关的行业组织、市民以及相关媒体是否支持展览

会等。

（6）展览现场管理评估。包括登记注册、安全保卫、交通疏导、展品运输、布展撤展等方面。

（7）展览接待服务评估。包括迎送注册工作、餐饮、考察、游览、娱乐、交通、引导、咨询指示系统、翻译等方面的服务。

（8）展览宣传评估。包括媒体的新闻报道、举行新闻发布会、开设网站、广告投放等。

（9）展览配套活动评估。包括开幕式、欢迎宴会、欢送宴会、午餐会、研讨会（论坛）等。

（10）会展活动中成交情况评估。包括消费性展览会直接销售情况和贸易性展览会的成交情况。

（11）展览会经济效益评估。包括展览会的成本、利润、成本效益等。

（12）展览会综合印象评估。包括参展商和观众对展览的专业化和国际化程度、展馆的总体布置质量、展览服务的总体评价等方面。

三、会展评估的流程

1. 制订评估计划

会展评估计划是评估主体为有效开展评估活动而制订的行动方案，是进行会展评估的必要准备。一般包括以下内容：

（1）评估的目的和任务。具体内容包括明确评估对象的类型、数量、时间、地域范围以及评估结果的等级。

（2）评估的原则。具体内容包括导向性、客观性、动态性、同一性、公平性、定性和定量相结合等原则。

（3）评估的内容和指标体系。具体内容包括完整的指标系统、权重系统和评估标准系统三个方面。

（4）评估的方法、程序。

（5）评估的机构、人员组成及分工。

（6）其他要求。具体内容包括经费的预算和使用、完成计划的时限和进度要求等。

2. 收集分析数据

收集、分析材料和数据是会展评估的两个关键环节。评估材料和数据收集的方法大致有现场观察、注册登记、会展记录、召开会议、个别访问、问卷调查等。材料和数据汇总后，要组织专家和有关人员对这些材料和数据运行审核、归类、比较、分析和整合，初步确定评估对象的得分或等级。

3. 确定评估结果

专家评估确定的评估对象的得分或等级，可以看作评估结果。但是在一些选拔性或评比性会展评估中，会展评估的结果还需要经过一定的程序来加以确定，如由领导小组或专家委员会投票决定。

4. 编制评估报告

会展评估结束后，评估结果要形成会展评估报告。

四、会展评估报告的结构和写法

会展评估报告有两种写法，文章式评估报告和表格式评估报告。文章式评估报告是按文章的一般结构来写，有一定的文字描述和分析，而且提出结论和建议；表格式评估报告通篇是以表格的形式呈现，各项评估结果均以数据表或曲线图来表达。

文章式评估报告的结构安排与具体写法如下：

1. 标题

通常由会展名称和"评估报告"组成，例如：《2017年中国国际电子设备展览会评估报告》。

2. 署名

会展评估报告可以由主办单位名义撰写，也可委托专业评估机构编制。署名一般置于标题之下。

3. 正文

（1）开头。它的写法有两种：一种是介绍评估的目的、背景、过程与方法。如果委托专业评估机构撰写，撰写人要对评估的由来或受委托进行该项评估的具体原因加以说明。另外一种是简要介绍会展项目的基本情况。

（2）主体。这个部分具体表述会展评估报告的各项指标和结果。表述方法既可对应各项评估标准列出评估结果的各项数据，也可以采用各种形式的图表，辅以文字说明，将预期数、实际数和以往的数据加以对比。主体部分要求做到数据准确、材料与观点统一、语言简练。

（3）结尾。结尾部分要用简洁明晰的语言做出结论，提出建议。比如，要阐明评估结果说明了什么问题，有何实际意义。建议必须针对评估结论，提出可以采取哪些措施以获得更好的效果。

4. 附件

有的会展评估报告将说明性图表或资料作为附件，这样的话，必须在正文下方依次标注附件的名称。

5. 日期

在正文右下方写明提交的具体日期。

第二节　会展工作总结

一、会展工作总结的含义和作用

1. 会展工作总结的含义

会展工作总结是指会展工作（包括会展管理工作、会展组织工作、参展工作等）告一段落后，进行回顾、分析和评价而形成的文书。

会展工作总结和会展评估都是具有回顾、分析的性质，都是实施会展管理的必要手段，这是它们的共同点。二者的主要区别在于：会展工作总结偏重于总结会展管理和组织实施的具体做法、体会、经验和教训，提出改进的具体的措施和下一步的工作方向，属于自我总结，在方法上较多地运用定性描述和分析；会展评估则偏重于对会展活动的各项要素及其社会经济效益进行质和量的评价，既可自我评估，又可以由第三方评估。

2. 会展工作总结的作用

（1）总结经验教训。通过会展工作总结，可以找出会展工作的规律和成功的经验，发现问题并提出改进措施，为以后的会展工作提供借鉴，提高工作效率。

（2）相互学习交流。会展工作总结还常常是会展工作总结表彰大会的交流材料，可以起到相互学习、取长补短、促进共同发展的作用。

（3）作为申办材料。目前，展览会项目的申报需要同时上报上届展会的总结材料。

二、会展工作总结的结构和写法

（一）标题

会展工作总结的标题有三种写法：

（1）由单位名称、时限、主题、文种构成。这类标题主要用于总结单位内部定期性的工作，如：《上海市拾光展览有限公司 2017 年工作总结》。

（2）由总结对象（如会展活动）名称和总结二字组成。这类标题通常用于一项具体会展工作的专题总结，如：《第十二届北京国际汽车工业展览会总结》。

（3）由正题和副题组成。正题揭示总结的主题，副题说明总结的单位、期限、种类等。这类标题主要用于宣传、交流，如：《科学公正，扶优汰劣——2017 年广州市会展评估工作总结》。

（4）文章式标题。即用一个或两个短语概括总结的主要内容或基本观点，不出现总结字样。如：《坚持服务理念，培育旅博品牌》。这类标题主要用于在媒体上发表的会展工作总结。

（二）署名

标题之下写明进行会展总结工作的单位名称。

（三）正文

（1）开头。针对会展项目的工作总结，开头部分一般概括说明举办会展的背景、依据和指导思想、基本情况（名称、届次、主办单位、时间、地点、出席人数和规格、参展商以及观众的数量和质量、总成交额等）。针对某项具体工作的总结或年度（季度）总结，开头要概括介绍工作的目的、指导思想和主要成绩。开头写作力求简洁，开门见山。

（2）主体。主体部分的写法主要有三种：一是按具体做法和成绩、经验和体会、问题和教训或努力方向的模块来写；这种写法比较符合人们的阅读和思维习惯，使用较为广泛，具体写作时也可将做法和经验或者经验和问题揉在一起来写，夹叙夹议；二是按工作的时间阶段安排结构，适合于工作周期长、阶段性较强的会展工作进行总结；三是按所做的工作项目安排结构，比如，综合性总结涉及的方面较多，各项会展工作之间的特点不一，就可将每一方面的会展工作排列起来，逐项加以总结。

主体部分立意要高，经验和体会的提炼和概括既要深刻、又要恰当；问题要讲透，措施要扎实；材料要生动、翔实，但必须紧紧围绕主题，为主题服务，重点突出，切忌报流水账；结构要严谨，层次要分明，具有较强的逻辑性；语言要平实，尤其是要写好概括特色、经验的段旨。

（3）结尾。或照应开头，或归纳主题，或指出努力方向和目标，或提出下一阶段的工作思路。

（四）日期

在正文右下方写明定稿的具体日期。

【范例】

商会组团参加国际生物食品展览会的总结报告

为进一步开拓欧洲市场，加强对我国营养保健品及其原材料等产品的宣传，扩大该类产品的出口。经中国国际贸易促进委员会"贸促展管审〔2010〕01886号文"批准，我会组织了陕西嘉禾植物化工有限责任公司、上海信莱化工有限公司、浙江省医药保健品进出口有限责任公司、苏州浩波科技股份有限公司、荣成百合生物技术有限公司等

40 家企业赴瑞士参加了于 2010 年 5 月 18 日至 20 日在日内瓦 PALEXP 展览中心举办的"国际生物食品展览会（VITAF）"。现将参展情况总结如下：

一、展览会概况

瑞士国际生物食品展览会（Vitafood Europe）由英国专业展览公司 IIR 主办，每年一届，在瑞士日内瓦展出，迄今已成功举办了 13 届。该展览会最大的特点是客户集中且非常专业，展品范围涵盖广泛，包括功能食品、功能饮品、化妆品、植物药、化学类非处方药、海洋生物制品，维生素、蛋白质、精油、矿物质等原料及其成品和生产技术等。该展览会是欧洲营养保健品和生物食品行业最大的专业展会。

作为本行业内知名的展览会之一，2010 年展会有 500 多家公司参展，在展览会 3 天时间里，有来自 77 个国家的 8500 多名专业人士到会参观，参观商人数比上届展会增长了近 5%，其中，来自欧洲的客户占很大比例。国际生物食品展览会的影响力已远不只一个展览会，展会同期举办的论坛近 50 场，每一场的听众都络绎不绝，论坛发布了最新行业资讯，并为参展商和参观商搭建了一个极佳的交流平台，大家对展会论坛给予了高度评价。

二、商会组织的中国馆及中国企业的参展情况

医保商会已经连续十二次组织企业参加国际生物食品展览会，并于 2003 年和 IIR 公司签订了独家代理协议，开始在展会上搭建中国馆。本届展览会上，我商会中国馆面积达 436 平方米，比去年增长 28%，参展企业 40 家，参展人数 110 人。

此届展会主办方继续延续去年的做法，为参展商免费组织了新产品展示台，推介近一年来新开发的前沿产品，吸引了广大客户的关注。中国馆内有 13 家中国公司展出了各自的新产品，包括：德洋华泰生物医药资源有限公司的脂肪酸（Omega—3 Fatty Acid）、山东谷神进出口有限公司的大豆分离蛋白（soy Lecithin）、桂林莱茵生物科技股份有限公司的甜味剂。这些产品备受欢迎。

我商会展团中各参展公司参展之前都做了比较充分的准备，都能够充分利用此次参展机会，大力宣传自己公司的产品。据不完全统计，展会期间，40 家公司共结识了1500 个客户，新客户 300 个。我商会中国馆参展企业的实际成交额约 200 万美元，意向性成交金额 600 多万美元，成交品种主要为植物提取物系列产品、氨基酸衍生物、鱼油等。

各参展公司表示。该展会的总体效果不错，尤其是来访客户比较专业，成交机会较大，均达到了预期的参展效果。我展团的 40 家参展公司中，已有 21 家公司现场报名参加下一届展会。

另外，出展前，我商会为所有的中国参展企业分发了保护知识产权必读文件，召开集中会议宣传知识产权保护相关知识，并要求参展企业审查参展的所有样品、样本、宣传品及包装等，展会期间未出现知识产权纠纷的情况。

三、市场介绍

中国是传统医药生产大国，药用植物资源丰富，劳动力成本较低，拥有大量优秀的专业技术人员和巨大的国内市场，能够形成产业集群，具有后发优势。中国出口欧盟的保健品及生物食品的主要产品包括：植物提取物、中药材、维生素类、氨基酸类、硫酸软骨素、鱼油、绿藻、中成药和保健食品等。

1. 植物提取物

目前，我国植物提取物产业已形成一定的规模，专业化生产企业有300余家，可生产的植物提取物品种众多，产品80%出口海外，主要市场为日本、美国等。2009年我国植物提取物进出口额达到8.2亿美元，同比增长36.1%，其中出口额达到6.55亿美元，同比增加23.7%；进口额达1.6亿美元，同比增加129.2%。从出口产品结构看，出口金额增幅最大的是天然色素类产品。从单一品种分析，甜菊提取物的出口金额增势明显。2009年甜菊提取物出口额达到8430万美元，同比增加132%。

2. 维生素

2009年维生素类产品占我国医药保健品行业出口总额的6.29%，占我国西药原料出口总额的12.5%。2009年我国维生素类产品出口数量14.63万吨，较去年同期下降5.93%；出口金额超过20亿美元，较去年同期下降3.44%；出口平均价格14.15美元/公斤，同比上涨2.66%。在出口的维生素类产品中，维生素C和维生素E是两大支柱产品，占维生素类产品出口额的65%；其他未混合的维生素及其衍生物占比16%；B族维生素占比14%；维生素A占比不到3%。2009年，维生素类产品出口数量降幅较大的国家是美国、荷兰、英国、西班牙和意大利；出口数量增幅较大的国家是韩国、印度、法国、越南和印度尼西亚。

近年来，全球维生素市场需求处于稳定上升阶段，我国维生素类产品出口数量自2005年以来，每年保持着5%以上的增速。但是，国际金融危机爆发对我国维生素类产品出口产生了一定的负面影响，维生素消费市场主要集中在欧美等发达国家，而这些地区正是席卷全球的金融危机的重灾区。2009年我国维生素类产品出口数量首次出现罕见的负增长，其中对主管市场的出口数量下降了10%，远远超出全球平均降幅。

四、存在的问题

1. 随着中国经济的快速增长和中国老龄化社会的来临，中国的健康产业正在蓬勃发展。但产品安全事件、法规的设立、标准的提高、外交施压等问题无疑给企业带来了巨大的挑战。因此，企业要加强对国际市场的研究，加强产品的研发、提升企业的管理，加强行业协调与交流，加强与政府主管部门的沟通，才能不断提高企业的竞争力。

2. 瑞士是欧洲消费较高的国家，5月又是日内瓦国际会议、论坛、展会集中的时间，交通便利的酒店每逢此时住宿价格高且处于饱和状态，建议企业参加商会组织的参展团组。如果独自参展至少要提前3个月预订酒店。此外，很多企业的参展资料也是在出发前临时印刷准备的，展画和宣传册的质量、形象宣传上千篇一律，没有创新，商会今后

应在此方面加强宣传和推广，提醒企业提前做参展准备，使中国馆成为中国贸易、文化和精神的一种展示。

（资料来源：新浪网）

【复习思考题】

1. 简述会展调研报告的含义和特点。
2. 简述会展评估报告的含义、特点和作用。
3. 会展评估的流程是什么？
4. 会展评估报告的结构和写法是什么？
5. 会展工作总结的结构和写法是什么？

【案例分析】

据美国展览调查公司 1990 年的一项调查结果显示，在 1990 年，71% 的展览人员被认为是"很好"和"好"，23% 被认为"一般"，6% 被认为"差"。该调查指出，如果一个展览单位的评价结果显示差的展览人员超过人员总数 6%，就应当采取措施提高展览人员的素质。

美国另一项调查结果显示，美国参展公司对展览会常常使用 34 种评价标准。其中有 16 项被普遍认为非常重要，这 16 项标准可以归为四大类：参展企业质量、参加数量、展出位置和展出管理。

思考题：
1. 请分析在该案例中为什么要对展览人员进行评价？
2. 对展览人员进行的评价有什么意义？

参考文献

［1］韦晓军 . 会展文案［M］. 重庆：重庆大学出版社，2015.

［2］向国敏 . 会展文案［M］. 上海：上海立信会计出版社，2006.

［3］毛军权，王海庄 . 会展文案［M］. 上海：复旦大学出版社，2006.

［4］丁萍萍 . 会展实务［M］. 北京：高等教育出版社，2004.

［5］王春雷，陈震 . 展览会策划与管理［M］. 北京：中国旅游出版社，2006.

［6］许传宏 . 会展文案［M］. 上海：复旦大学出版社，2005.

［7］杨忠慧 . 应用写作［M］. 北京：中国财政经济出版社，2004.

［8］向国敏，刘俊毅 . 会展文案［M］. 上海：华东师范大学出版社，2016.

［9］丁霞 . 会展策划与管理［M］. 北京：高等教育出版社，2006.

［10］龚维刚 . 会展实务［M］. 上海：华东师范大学出版社，2007.

［11］劳动和社会保障部教材办公室上海市职业培训指导中心 . 会展经营策划员［M］. 北京：中国劳动社会保障出版社，2006.

［12］劳动和社会保障部教材办公室上海市职业培训指导中心 . 助理会展经营策划师［M］. 北京：中国劳动社会保障出版社，2006.

［13］向国敏 . 会展实务［M］. 上海：上海财经大学出版社，2005.

［14］廖雄军 . 会议组织规范与技巧［M］. 南宁：广西人民出版社，2007.

［15］王瑾秀 . 会展文案［M］. 北京：高等教育出版社，2006.

［16］华谦生 . 会展策划与营销［M］. 广州：广东经济出版社，2004.

［17］"会展策划与实务"岗位资格考试系列教材编委会 . 会展文案［M］. 北京：旅游教育出版社，2007.

［18］刘松萍 . 会展营销与策划［M］. 北京：北京首都经济贸易大学出版社，2006.

［19］刘金同，范晓梅 . 应用文写作教程［M］. 北京：清华大学出版社，2006.

［20］吴信菊 . 会展概论［M］. 上海：上海交通大学出版社，2006.

［21］王云玺 . 会展管理［M］. 上海：上海交通大学出版社，2006.

项目策划：段向民
责任编辑：武 洋 王 晴
责任印制：谢 雨
封面设计：何 杰

图书在版编目（CIP）数据

会展文案 / 吴应利主编 ．-- 北京 ：中国旅游出版
社，2019.12（2023.6 重印）
中国旅游业普通高等教育应用型规划教材
ISBN 978-7-5032-6328-6

Ⅰ．①会⋯ Ⅱ．①吴⋯ Ⅲ．①展览会－文书－写作－
高等学校－教材 Ⅳ．① H152.3

中国版本图书馆CIP数据核字（2019）第235822号

书　　　名：会展文案

作　　者：吴应利　主编
出版发行：中国旅游出版社
　　　　　（北京静安东里 6 号　邮编：100028）
　　　　　http://www.cttp.net.cn　E-mail:cttp@mct.gov.cn
　　　　　营销中心电话：010-57377103，010-57377106
　　　　　读者服务部电话：010-57377107
排　　版：北京旅教文化传播有限公司
经　　销：全国各地新华书店
印　　刷：北京明恒达印务有限公司
版　　次：2019 年 12 月第 1 版　2023 年 6 月第 2 次印刷
开　　本：787 毫米 × 1092 毫米　1/16
印　　张：10
字　　数：209 千
定　　价：39.80 元
ＩＳＢＮ　978-7-5032-6328-6